高等学校创新性数智化应用型经济管理规划教材（会计系列）

总主编 / 李雪　　主审 / 徐国君

小企业会计学习指导书

倪晓菡 ◎ 主编

图书在版编目(CIP)数据

小企业会计学习指导书/倪晓菡主编. --上海：立信会计出版社，2025.6. --("十四五"高等学校创新性数智化应用型经济管理规划教材). -- ISBN 978-7-5429-7967-4

Ⅰ. F276.3

中国国家版本馆CIP数据核字第2025H2A381号

策划编辑	方士华
责任编辑	赵新民
助理编辑	裴　灿
美术编辑	吴博闻

小企业会计学习指导书
XIAOQIYE KUAIJI XUEXI ZHIDAOSHU

出版发行	立信会计出版社		
地　　址	上海市中山西路2230号	邮政编码	200235
电　　话	(021)64411389	传　真	(021)64411325
网　　址	www.lixinaph.com	电子邮箱	lixinaph2019@126.com
网上书店	http://lixin.jd.com		http://lxkjcbs.tmall.com
经　　销	各地新华书店		
印　　刷	常熟市人民印刷有限公司		
开　　本	787毫米×1092毫米	1/16	
印　　张	7.25		
字　　数	176千字		
版　　次	2025年6月第1版		
印　　次	2025年6月第1次		
书　　号	ISBN 978-7-5429-7967-4/F		
定　　价	35.00元		

如有印订差错，请与本社联系调换

总 序

  教材是高校实现人才培养目标的重要载体,教材及教材建设对高校发展具有举足轻重的作用。与培养模式相对应的教材是培养合格人才的基本保证,是实现培养目标的重要工具。由于历史原因,在财经类教材的出版方面,相关出版社出版研究型本科或者高职高专、中等职业等层次的教材较多,而应用型本科教材较少。虽然近年来一些应用型本科教材也陆续出版,但总体而言,这些教材还是缺乏权威性、普适性、实用性、创新性。造成这种状况的原因主要在于:出版社对财经类应用型本科教材的出版还不够重视,没有进行有效组织;财经类应用型本科院校多为新建院校,教材建设相对滞后,主观上也较愿意使用研究型本科教材;在教材使用中存在比较严重的混用现象,教材目标读者群不明确,如不少教材声称既适用于研究型本科院校又适用于应用型本科院校,或者既适用于本科院校又适用于高职高专院校。

  由于目前财经类应用型本科教材种类和数量匮乏或质量欠佳,财经类应用型本科院校不得不沿用传统研究型教材。这些教材本身的质量很好、级别很高,但是并不适用于应用型本科院校的教学,教师和学生普遍反映不好用。即使在全国范围看,也还没有相对成套、成熟的、适合财经类应用型本科院校的教材。现有财经类教材存在的主要问题包括:①教材的定位和要求较高;②教材的内容偏多、难度大;③教材着重于理论解释,相关案例、实训等内容较少,缺乏普适性、实用性。

  与此同时,信息技术的快速发展使学生的学习习惯和阅读习惯发生了改变,不断朝个性化、自主学习式的方向发展,传统的单一纸质版教材已经无法适应这种变化。翻转课堂、慕课、微课等网络课程的兴起,混合式教学的不断推进,也对立体化教材建设提出了新的要求。教材作为一种课堂上的教学工具,一种传播媒介,理应顺势而为,随课堂形式、学生学习方式的改变而改变,朝着数字化、立体化、可视化的方向发展。因此,编写一套适应学生水平、便于学生接受的立体化财经类应用型本科教材迫在眉睫。

  我们组织具有多年应用型人才培养经验的优秀教师和实务界专家编写了这套高等学校创新性数智化应用型经济管理规划教材。本系列教材有《会计基本技能》《出纳实务》《基础会计》《中级财务会计》《成本会计》《管理会计》《会计信息系统》《财务管理》《审计学》《高级财务会计》《商业分析》《税法》《经济法》《金融学》《Excel在会计和财务管理中的应用》等品种。为了保证教材的质量,我们为本系列教材聘请了知名高校的专家教授进行专门指导和审核。每本教材至少有一名本学科的知名专家或学科带头人提出审核指导意见、至少有一名高等院校教学一线的高级职称教师参与组织编写、至少有一名行业协会、实务界专家或教学研究机构人员提出编写建议。

  本系列教材的特色如下。

1. 应用性

  应用型本科的教材建设应坚持培养应用型本科人才的定位,充分吸收和借鉴传统的普通本科教材与高职高专类教材建设的优点和经验,以就业为导向,做到理论上高于高职高专类教材、动手能力的培养上高于传统的本科院校教材。本系列教材体现了应用型本科的定位,体现了素质教育和"以学生发展为本"的教育理念,遵循了高等教育教学基本规律,重视知识、能力和素质的协调发展,根据应用型人才培养模式对学生的创新精神、实践能力和适应能力的要求,在内容选材、教学方法、学习方法、实验和实训配套等方面突出了应用性特征。

2. 针对性

本系列教材的编写符合会计学、财务管理和审计学等专业的培养目标、培养需求、业务规格和教学大纲的基本要求,与各专业的课程结构和课程设置相对应,与课程平台和课程模块相对应。本系列教材在结构纵横的布局、内容重点的选取、示例习题的设计等方面符合教改目标和教学大纲的要求,把教师的备课、试讲、授课、辅导答疑等教学环节有机地结合起来。

3. 立体化

本系列教材为立体化教材,实现了由传统纸质教材向"纸质教材+数字资源"的转变,通过技术手段将晦涩难懂的理论知识转变为直观的具体知识,以立体化、数字化的方式呈现,包括图文、动画、音频、视频等多种形式,生动、有趣且易懂,不仅可以激发学生的学习兴趣,还有利于教学效果的提升。

4. 趣味性

本系列教材注重趣味性,使用了大量的例题和案例,每章都加入了"思政育人""相关思考""延伸阅读"等内容,使读者能够加深理解,便于掌握相关内容。在案例、例题等的设计选用上重点突出趣味性,易于引发读者的共鸣。

5. 先进性

本系列教材反映了应用型会计人才教育教学改革的内容,能够反映学科领域的新发展。教材的整体规划、内容构建等均体现了创新性。教材还强调了系列配套,包括教材、学习参考书、教学课件等。立体化教材在内容修订上更具有明显优势,线上资源可以随时根据政策法规、理论知识或工作实务等的变化进行调整,更有利于保持教材内容的先进性。

6. 基础性

本系列教材打破传统教材自身知识框架的封闭性,尝试多方面知识的融会贯通,注重知识层次的递进,体现每一门科目的基本内容,同时在具体内容上突出实际运用知识能力,做到"教师易教,学生乐学,技能实用"。

7. 易于自学性

自学能力是大学生的一项基本能力。学生只有具备了自主学习的能力,才能最终建立起终身学习的保障体系,这也是应用型本科人才培养的客观要求。应用技术型高校的生源素质与普通高校相比存在一定的差距,除一部分是高考发挥失误的学生外,还有一部分学生在学习习惯、基础知识等方面存在一定的欠缺,这就要求教材能够调动这部分学生的学习积极性,在理论方面尽量通俗易懂,在实践方面尽量采用案例式教学。为了有利于学生课后自主学习,本系列教材配套了学习指导书和教学课件。

因此,本系列教材的定位准确,特色明显,适用于应用型本科院校教学,便于学生的自学和教师的教学。

本系列教材凝聚了众多教授和专家多年来的经验和心血。当然，由于我们的经验和人力有限，教材中难免存在不足，我们期待着各位同行、专家和读者的批评指正。我们将根据经济发展和会计环境的变迁不断修订教材，以便及时反映学科的最新发展和人才培养的最新变化。

本系列教材自2014年出版后，得到市场的认可，深受广大高校师生的欢迎。为了更好地回馈读者，我们从2017年起启动本系列教材第二版的修订工作，2019年启动第三版的修订工作，2021年启动第四版的修订工作。各种教材的修订版已陆续出版。我们会一如既往地做好教材修订和相关服务工作，希望广大读者对本系列教材继续给予支持。

李 雪

2024年1月

前 言

本书是《小企业会计》教材的配套学习指导书,具有应用性、针对性、先进性、基础性、易于自学性的特点。本书既可作为高等财经院校小企业会计教学的教材,也可作为小企业管理人员学习的参考用书。

为了帮助学习者更好地掌握小企业会计的基本原理和实务操作,本书根据《小企业会计》教材及教学大纲的要求,设计了各章重点与难点的提炼讲解的环节,在讲解的过程中配有相关典型例题。讲解之后,每章配有思考与练习并提供了相应的参考答案。

《小企业会计学习指导书》分为两个部分,第一部分为"学习指导及思考与练习",下设"重点、难点讲解及典型例题""思考与练习";第二部分为"思考与练习参考答案"。

本书在编写过程中,力求做到以下几点:

(1) 理论精练,习题的设计突出理论联系实际,体现实际操作能力,即重视知识、能力和素质的协调发展。

(2) 注重实战,案例相伴,将实际经济生活中出现的真实案例经过少许加工后编入本书,使学生通过练习能更多地接触会计实务,提高分析和解决问题的能力。

(3) 注重对重点难点的讲解,借助图、表等工具进行讲解,图文并茂,通俗易懂。

(4) 思考与习题形式多样,既有客观题,又有大量的计算及账务处理和业务题,涵盖面广,可以培养学生综合分析和解决问题的能力。

(5) 重视对知识点的总结,并运用知识点对比的方式,便于掌握记忆。

本教材由倪晓菡担任主编,由高金清、陈丽娜担任副主编。全书共分为九章,各章节内容及负责人如下:第一章小企业会计概述(高金清);第二章资产(倪晓菡、刘墨赛);第三章负债(王庆);第四章所有者权益(倪晓菡);第五章收入(刘梦);第六章费用(张燕);第七章利润及利润分配(陈丽娜);第八章外币业务的核算(韩真真);第九章财务报表(高金清)。

由于小企业会计政策、法规会调整和变化,您在使用本书练习时请注意题目背景的时效性,并以最新政策、法规为准。希望本书能助您夯实基础,提升会计职业能力。

在编写过程中,我们参考了大量的国内外会计文献和实务案例,在此向相关作者和所有提供帮助的专家表示感谢。同时,我们也深知,尽管我们力求完美,但本书难免会有疏漏和不足之处,恳请广大读者批评指正。联系邮箱:xiaohan.ni@qdc.edu.cn。

编 者

2025 年 6 月

目 录

第一部分 学习指导及思考与练习

第一章 小企业会计概述 1
重点、难点讲解及典型例题 1
思考与练习 4

第二章 资产 6
重点、难点讲解及典型例题 6
思考与练习 19

第三章 负债 24
重点、难点讲解及典型例题 24
思考与练习 34

第四章 所有者权益 37
重点、难点讲解及典型例题 37
思考与练习 39

第五章 收入 42
重点、难点讲解及典型例题 42
思考与练习 44

第六章 费用 47
重点、难点讲解及典型例题 47
思考与练习 53

第七章 利润及利润分配 58
重点、难点讲解及典型例题 58
思考与练习 61

第八章 外币业务的核算 64
重点、难点讲解及典型例题 64
思考与练习 68

第九章 财务报表 72
重点、难点讲解及典型例题 72
思考与练习 76

第二部分 思考与练习参考答案

第一章 小企业会计概述 …………………………………………… 81
第二章 资产 ………………………………………………………… 82
第三章 负债 ………………………………………………………… 86
第四章 所有者权益 ………………………………………………… 89
第五章 收入 ………………………………………………………… 90
第六章 费用 ………………………………………………………… 92
第七章 利润及利润分配 …………………………………………… 95
第八章 外币业务的核算 …………………………………………… 97
第九章 财务报表 …………………………………………………… 101

第一部分　学习指导及思考与练习

第一章　小企业会计概述

重点、难点讲解及典型例题

一、中小企业会计核算的特点

1. 小企业界定标准

根据《中小企业划型标准规定》，中小企业可以划分为中型、小型、微型三种类型，中小企业划分类型的具体标准根据企业从业人员、营业收入、资产总额等指标，结合行业特点制定。

【例题1·单项选择题】　按照《中小企业划型标准规定》，属于中小企业划分指标的是(　　)。

A. 经营地　　　　B. 营业收入　　　　C. 注册资本　　　　D. 总负债

【答案】　B

【解析】　中小企业划分类型具体标准根据企业从业人员、营业收入、资产总额等指标，结合行业特点制定。

2. 小企业的特点

与大中型企业相比，小企业具有以下特点：

(1) 企业数量众多且分布面广；

(2) 在社会经济中发挥着重要作用；

(3) 国家对其政策支持力度大；

(4) 财务管理创新能力强。

【例题2·多项选择题】　与大中型企业相比，小企业具有(　　)等特点。

A. 数量众多　　　　　　　　　　B. 分布面广

C. 国家对其政策支持力度大　　　D. 财务管理创新能力强

【答案】　ABCD

【解析】　与大中型企业相比，小企业具有以下特点：①企业数量众多且分布面广；②在社会经济中发挥着重要作用；③国家对其政策支持力度大；④财务管理创新能力强。

3. 小企业会计核算的特点

(1) 会计科目设置简单。与其他类型企业相比，小企业会计科目少设了许多一级科目。

(2) 账务处理简单。与其他类型企业相比，小企业会计核算的资产清查处理程序简化，不计提长期资产减值准备，长期投资的核算简化。与此同时，小企业简化了借款费用的会计核算，还简化了所得税的账务处理。其他资产核算和待转资产价值核算也得到了简化。

（3）财务报表列报简约。《小企业会计准则》要求小企业的财务报表至少应当包括资产负债表、利润表、现金流量表及附注,列报的项目比较简单。

二、小企业会计核算标准

1. 小企业执行的会计标准

我国目前的会计准则体系主要包括《企业会计准则》《小企业会计准则》和《政府会计准则》。小企业因其特殊性,主要执行《小企业会计准则》,也可执行《企业会计准则》。

【例题3·判断题】 小企业的会计核算只能依据《小企业会计准则》执行。( )

【答案】 ×

【解析】 小企业因其特殊性,主要执行《小企业会计准则》,也可执行《企业会计准则》。

2.《小企业会计准则》的意义

《小企业会计准则》的发布实施,标志着我国由适用于大中型企业的《企业会计准则》和适用于小企业的《小企业会计准则》共同构成的企业会计标准体系基本建成。这有利于夯实经济社会又好又快发展的基础;有利于落实国家关于扶持小企业发展的法规政策;有利于改善小企业税收和融资环境;有利于改进和加强小企业内部管理和规范市场经济秩序、提升政府经济管理水平。

3.《小企业会计准则》的特点

《小企业会计准则》具有以下特点:既与国际趋同,又立足我国实际;既保持体系完整,又相互有序衔接;既满足税收征管信息需求,又有助于银行信贷决策;既确保覆盖主要行业,又抓住常见业务。

4.《小企业会计准则》的内容

《小企业会计准则》由"小企业会计准则与会计科目""主要账务处理和财务报表"两部分组成。

三、小企业会计核算对象

1. 会计核算对象

会计核算对象是会计所要反映和监督的内容,即会计所要反映和监督的客体,在社会主义制度下,就是社会再生产过程中的资金运动。

无论是制造业小企业还是商品流通小企业,会计反映和监督的对象都是资金及其运动过程,基于此,将小企业会计对象概括为社会再生产过程中的资金运动。

2. 会计要素

小企业的会计要素是对小企业会计核算对象的基本分类,如图1-1所示。

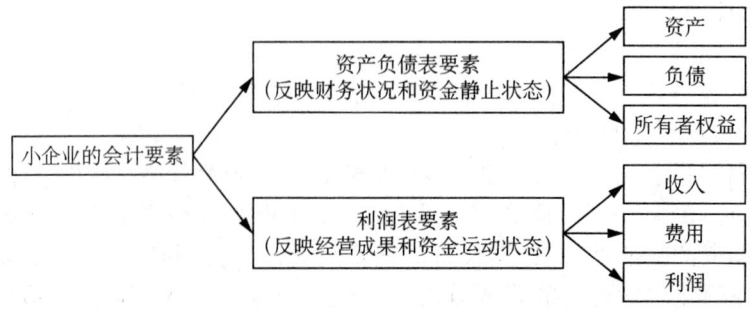

图1-1 小企业的会计要素

3. 会计科目

由于小企业业务相对简单，其一级会计科目设置相对于《企业会计准则》而言明显较少。小企业常用的会计科目按照资产、负债、所有者权益、成本、损益分为5大类，共有66个，其科目名称与《企业会计准则》基本一致，有利于实现会计信息的可比性和一致性，符合我国会计准则与国际会计准则趋同的要求。对于明细科目，小企业可以比照《小企业会计准则》附录中的规定自行设置。

四、小企业会计核算基础

1. 会计假设

会计假设又称会计核算的基本前提，它是小企业会计确认、计量和报告的前提，是对会计核算所处时间、空间等的合理设定。它包括会计主体、持续经营、会计分期和货币计量。会计假设内容如表1-1所示。

表1-1 会计假设

会计假设	具体内容
会计主体	会计主体是指小企业会计确认、计量和报告的空间范围
	小企业应当对自身发生的交易或事项进行会计确认、计量和报告，反映其所从事的各项生产经营活动和其他相关活动
	会计主体不同于法律主体，一般来说，法律主体必然是一个会计主体，但是，会计主体不一定是法律主体
持续经营	持续经营是指在可以预见的将来，小企业将会按照当前的规模和状态继续经营下去，不会停业也不会大规模削减业务
	用于界定会计核算的时间范围
	小企业终止经营时，就不能再采用这一假设以及以这一假设为前提的会计程序和方法，而应采用以清算为基础的会计处理方法
会计分期	会计分期是指将一个企业持续经营的生产经营活动划分为一个个连续的、长短相同的期间
	会计分期分为会计年度和会计中期。会计年度通常为1年，会计中期包含月度、季度和半年度
货币计量	货币计量是指会计主体在进行会计确认、计量和报告时以货币作为计量单位，货币计量反映、记录会计主体的财务状况、经营成果和现金流量
	货币计量假设是建立在币值稳定不变的基础之上的

2. 会计信息质量要求

在遵循《企业会计准则》的基础上，结合小企业的实际情况，我国《小企业会计准则》仍然沿用8项会计信息质量要求的规定，但是在具体要求方面侧重点有所不同。例如，不再过多地强调谨慎性要求、实质重于形式要求等。会计信息质量要求如表1-2所示。

表1-2 会计信息质量要求

类别	要求
首要质量要求	可靠性、相关性、可理解性、可比性
次级质量要求	实质重于形式、谨慎性、重要性、及时性

3. 会计要素计量属性

计量属性是指小企业在将符合确认条件的会计要素登记入账并列入财务报表及其附注时，按照规定的计量标准和计量方法进行计量，确定其金额的基础。

小企业会计要素的计量以历史成本为主,一般不考虑重置成本、可变现净值、现值和公允价值等计量属性。

4. 会计核算基础

小企业应当以权责发生制为基础进行会计确认、计量和报告。权责发生制又称"应计制",其核心是确认收入和费用的归属期间。

权责发生制的判断标准是权责的发生是否属于当期,应当以与之相关的经济权利和经济义务是否发生为判断依据。

【例题4·多项选择题】 以权责发生制为核算基础,下列各项中,属于本期收入或费用的有(   )。

A. 本期实际收到的货款
B. 支付的下期的租金
C. 提前收到的货款
D. 支付的本期水电费

【答案】 AD

【解析】 按照权责发生制的要求,凡属于当期的收入和费用,不论款项是否收付,均作为当期的收入和费用;凡不属于当期的收入和费用,即使款项在当期已经收付,也不作为当期的收入和费用。选项A属于本期收入,选项D属于本期费用。

五、小企业会计核算方法

小企业会计核算方法由设置账户、复式记账、填制和审核凭证、登记账簿、成本核算、财产清查和编制财务报表等具体方法构成,这7种方法构成了一个完整、科学的方法体系。小企业会计核算方法如图1-2所示。

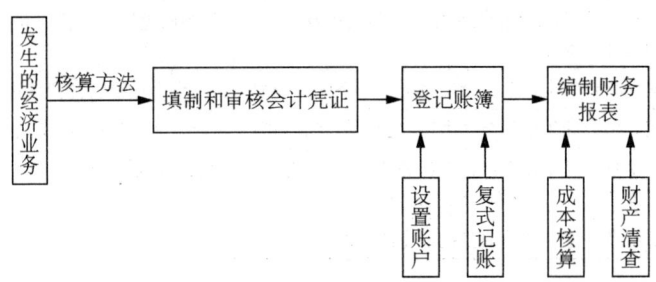

图1-2 小企业会计核算方法

思考与练习

一、单项选择题

1. 按照《中小企业划型标准规定》的规定,下列各项中,符合工业小企业标准的是(   )。

   A. 从业人数20~300人,营业收入300万~2 000万元
   B. 从业人数20~300人,营业收入300万~6 000万元
   C. 从业人数20~100人,营业收入100万~1 000万元
   D. 从业人数10~100人,营业收入100万~2 000万元

2. 我国小企业的会计年度采用(   )。

A. 企业自定　　　B. 农历年度　　　C. 公历年度　　　D. 学年年度
3. 小企业的会计期间是（　　）。
A. 自然形成的　　B. 人为划分的　　C. 营业周期　　　D. 没有规律的
4. 下列各项中，不属于小企业应遵守的会计核算的基本前提的是（　　）。
A. 会计主体　　　B. 持续经营　　　C. 货币计量　　　D. 历史成本
5. 下列会计科目，小企业不需要设置的是（　　）。
A. 短期投资　　　B. 预付账款　　　C. 坏账准备　　　D. 累计摊销

二、多项选择题

1. 下列各项中，属于小企业会计基本假设的有（　　）。
A. 会计主体　　　B. 持续经营　　　C. 会计分期　　　D. 货币计量
2. 根据《中小企业划型标准规定》，中小企业可以划分为中型、小型、微型三种类型，中小企业划分类型的具体标准根据（　　）、营业收入等指标，结合行业特点制定。
A. 企业从业人员　B. 营业收入　　　C. 利润总额　　　D. 资产总额
3. 下列财务报表中，小企业应编制的有（　　）。
A. 资产负债表　　　　　　　　　　　B. 利润表
C. 现金流量表　　　　　　　　　　　D. 所有者权益变动表
4. 下列各项中，不适用《小企业会计准则》的有（　　）。
A. 股票或债券在市场上公开交易的小企业
B. 金融机构或其他具有金融性质的小企业
C. 企业集团内的母公司和子公司
D. 既不是企业集团内的母公司也不是子公司的企业
5. 下列各项中，按《小企业会计准则》规定，小企业不需要设置会计科目进行核算的有（　　）。
A. 交易性金融资产　　　　　　　　　B. 持有至到期投资
C. 长期股权投资　　　　　　　　　　D. 存货跌价准备

三、判断题

1. 执行《企业会计准则》的小企业，不得在执行《企业会计准则》的同时，选择执行《小企业会计准则》的相关规定。（　　）
2. 《小企业会计准则》所界定的小企业不同于《中华人民共和国增值税暂行条例实施细则》所界定的小规模纳税人。（　　）
3. 《小企业会计准则》仅要求采用历史成本对会计要素进行计量。在资产计量方面，其要求按照成本计量，不再对任何资产计提资产减值准备。（　　）
4. 税务部门是小企业外部会计信息的主要使用者。（　　）
5. 小企业在进行会计核算时，要遵循《企业会计准则——基本准则》的要求，按照《小企业会计准则》的规定，建账建制，加强会计基础工作。（　　）

第二章 资 产

 重点、难点讲解及典型例题

一、货币资金

1. 库存现金

1) 库存现金的使用范围

企业日常复杂的支出业务并不是都可以用现金来支付的。现金的使用要严格遵循其使用规定。根据《库存现金管理暂行条例》的规定,库存现金的使用范围主要包括以下8个方面:

(1) 职工工资、津贴。
(2) 个人劳动报酬。
(3) 根据国家规定颁发给个人的科学技术、文化艺术、体育等各种奖金。
(4) 各种劳保、福利费用以及国家规定的对个人的其他支出。
(5) 向个人收购农副产品和其他物资的价款。
(6) 出差人员必须随身携带的差旅费。
(7) 结算起点(1 000元人民币)以下的零星支出。
(8) 中国人民银行确定需要支付现金的其他支出。

【例题1·单项选择题】 结算起点以下的零星支出,才能使用现金,结算起点是指( )元。

A. 25 000   B. 1 000   C. 4 000   D. 1 500

【答案】 B

【解析】 结算起点1 000元以下的零星支出,才能使用现金。

2) 小企业现金盘亏

小企业现金盘亏,是指小企业在对现金进行盘点时,发现现金的实际库存金额少于账面记录金额的情况。

【例题2·单项选择题】 小企业无法查明原因的库存现金盘亏,应记入( )科目。

A. "销售费用"   B. "营业外支出"   C. "其他业务成本"   D. "管理费用"

【答案】 B

【解析】 《小企业会计准则》规定,小企业对于无法查明原因的库存现金盘亏,经批准记入"营业外支出"科目。而《企业会计准则》规定,应记入"管理费用"科目。

3) 小企业现金盘盈

小企业现金盘盈,是指小企业在进行现金盘点时,发现实际现金数额多于账面上记录的现金数额的情况。

【例题3·单项选择题】 小企业无法查明原因的库存现金盘盈,应( )科目。

A. 记入"其他业务收入"　　　　　　B. 记入"主营业务收入"
C. 记入"营业外收入"　　　　　　　D. 冲减"管理费用"

【答案】 C

【解析】 无法查明原因的库存现金盘盈,作为盘盈利得处理,经批准记入"营业外收入"科目。

2. 银行存款

1) 关于银行存款账户需注意的问题

(1) 企业职工薪酬的支取只能通过基本存款账户。

(2) 一个企业只能在一家银行开立一个基本存款账户,即一个企业只有一个基本存款账户。

(3) 一个企业不得在同一家银行的几个分支机构开立一般存款账户。

【例题 4·单项选择题】 以下账户中,可支付职工工资的是(　　)。

A. 一般存款账户　　B. 基本存款账户　　C. 专用存款账户　　D. 临时存款账户

【答案】 B

【解析】 企业职工薪酬等现金的支取只能通过基本存款账户办理。

2) 银行存款余额调节表

未达账项包括:

(1) 企业已收款记账,而银行尚未收款记账,即"企业已收,银行未收"。

(2) 企业已付款记账,而银行尚未付款记账,即"企业已付,银行未付"。

(3) 银行已收款记账,而企业尚未收款记账,即"银行已收,企业未收"。

(4) 银行已付款记账,而企业尚未付款记账,即"银行已付,企业未付"。

有关银行存款余额调节应注意的事项:

(1) 银行存款余额调节表不能作为原始凭证记账。

(2) 银行对账单不能作为原始凭证记账。

(3) 调整后余额为企业银行存款的实有数。

【例题 5·单项选择题】 企业银行存款的实有数是指(　　)。

A. 银行对账单的余额

B. 银行存款余额调节表调节后的余额

C. 企业银行存款日记账的余额

D. 以上都不对

【答案】 B

【解析】 银行存款余额调节表调节后的余额才是企业银行存款的实有数。

3. 其他货币资金

其他货币资金主要核算小企业银行汇票存款、银行本票存款、信用卡存款、信用证保证金存款、外埠存款、备用金等其他货币资金。

【例题 6·单项选择题】 以下各项中,不通过小企业"其他货币资金"科目核算的是(　　)。

A. 银行转账支票　　B. 银行汇票存款　　C. 存出投资款　　D. 信用卡存款

【答案】 A

【解析】 银行转账支票通过"银行存款"科目核算。

二、短期投资

1. 短期投资的定义

短期投资是指小企业购入的能随时变现并且持有时间不准备超过 1 年(含 1 年)的投资。

2. 小企业核算短期投资的有关会计科目

小企业核算短期投资的有关会计科目如表 2-1 所示。

表 2-1 小企业核算短期投资的有关会计科目

核算科目	科目性质	核算内容
短期投资	资产类	核算小企业短期投资的成本
应收股利	资产类	核算小企业应收取的现金股利
应收利息	资产类	核算小企业应收取的利息
投资收益	损益类	核算小企业持有短期投资期间取得的投资收益以及处置短期投资实现的损益

3. 短期投资核算注意的问题

小企业购入股票时,如果实际支付的价款中包含已宣告但尚未发放的现金股利,借记"短期投资"科目,已宣告但尚未发放的现金股利则记入"应收股利"科目。

三、应收及预付款项

1. 应收账款

1) 应收账款的入账价值

(1) 销售商品或提供劳务的价款。

(2) 应收取的增值税销项税额。

(3) 代购货单位垫付的包装费、运杂费等。

2) 应收账款的会计处理

商业折扣与现金折扣的区别如表 2-2 所示。

表 2-2 商业折扣与现金折扣的区别

折扣形式	目的	发生时间	处理方法
商业折扣	促销	一般在交易发生时	扣除商业折扣后的实际售价
现金折扣	鼓励债务人提前付款	赊销商品或提供劳务后	未扣除现金折扣前的金额

【例题 7·单项选择题】小企业发生的现金折扣应记入( )科目。

A. "财务费用" B. "销售费用"
C. "管理费用" D. "其他业务成本"

【答案】 A

【解析】 小企业发生或享有的现金折扣,记入"财务费用"科目。销货方记入借方,采购方记入贷方。

3) 坏账的账务处理

《小企业会计准则》规定,小企业不得提前确认坏账损失,不得计提坏账准备,其坏账损失应当于实际发生时加以确认。按照损失金额,记入"营业外支出"科目,同时冲减应收款项。

2. 应收票据

1) 核算注意的问题

(1) 商业汇票到期收款。

(2) 到期正常收款。

借:银行存款
　　贷:应收票据

(3) 如为商业承兑汇票,到期无法收回货款,则将"应收票据"科目转入"应收账款"科目。

借:应收账款
　　贷:应收票据

2) 应收票据的会计处理

贴现:

$$贴现所得额(实收额) = 票据到期值 - 贴现息$$
$$票据到期值 = 票据面值 + 票据利息$$
$$贴现息 = 票据到期值 \times 贴现率 \times 贴现期$$
$$票据贴现期 = 票据期限 - 持票期限$$

3. 预付账款

预付款项情况不多的企业可以不设置"预付账款"科目,而直接通过"应付账款"科目核算。无论采用哪个科目,核算的原则是自始至终均要采用该科目。

4. 其他应收款

其主要内容包括:

(1) 应收的各种赔款、罚款。

(2) 应收的出租包装物租金。

(3) 应向职工收取的各种垫付款项。

(4) 存出保证金,如租入包装物支付的押金。

(5) 备用金(向企业各职能科室、车间、个人周转使用等拨出的备用金)。

(6) 预付账款转入。

(7) 其他各种应收、暂付款项。

四、存货

1. 存货的定义及核算内容

存货是指小企业在日常生产经营过程中持有以备出售的产成品或商品、处在生产过程中的在产品、将在生产过程或提供劳务过程中耗用的材料和物料,以及小企业(农、林、牧、渔业)为出售而持有的或在将来收获为农产品的消耗性生物资产。

小企业的存货通常包括原材料、在产品、半成品、产成品、商品、周转材料、委托加工物资、消耗性生物资产等。

【例题8·多项选择题】 以下属于小企业存货的有（　　）。

A. 在建工程　　　B. 周转材料　　　C. 委托加工物资
D. 在途物资　　　E. 生产成本　　　F. 工程物资

【答案】 BCDE

【解析】"工程物资"是小企业为建造固定资产而购入的材料等物资，"工程物资"科目的期末余额反映企业尚未使用的各项工程物资的实际成本，在资产负债表中的"工程物资"项目填列。

2. 存货的初始计量

存货的初始计量是指小企业在取得存货时，对其入账价值的确定。小企业取得的存货应当按照成本进行计量。

1）外购存货

（1）一般会计处理：

借：原材料/库存商品等科目【实际成本】
　　应交税费——应交增值税（进项税额）【可以抵扣的增值税进项税额】
　　贷：银行存款/其他货币资金/应付票据等科目【实际付款金额】

（2）采用预付货款方式购入存货：

如果企业预付账款不多，也可不设置"预付账款"科目，而启用"应付账款"科目。

此时，小企业预付款项时的分录为：

借：应付账款
　　贷：银行存款

（3）附有现金折扣条件的赊购：

我国《企业会计准则》要求采用总价法。在总价法下，应付账款按实际交易金额入账，如果购货方在现金折扣期限内付款，则购货方取得的现金折扣（少付金额）作为一项理财收入，冲减当期的"财务费用"，即贷记"财务费用"科目。

现金折扣的表达方式如"2/10，1/20，n/30"，通常情况下享受现金折扣的价款为不含增值税的价款，具体按实际要求处理。

2）加工取得的存货

小企业通过进一步加工取得存货的成本包括直接材料、直接人工以及按照一定方法分配的制造费用。

存货加工完毕，验收入库：

借：库存商品等科目
　　贷：生产成本

3）投资者投入的存货

投资者投入存货的成本应当按照评估价值作为其入账价值。

3. 计划成本法

计划成本法是一种存货核算方法。它是指存货的日常收入、发出和结存均按预先制定的计划成本计价,并设置"材料成本差异"科目登记实际成本与计划成本之间的差异;月末,再通过对存货成本差异的分摊,将发出存货和结存存货的计划成本调整为实际成本进行反映的一种核算方法。

1) 科目的设置

设置"材料成本差异"科目。

该科目登记存货实际成本与计划成本之间的差异。

$$材料成本差异 = 实际成本 - 计划成本$$

2) 发出存货成本差异分摊的相关规定

(1) 存货成本差异随着存货的入库而形成的,在存货出库时进行分摊。月初结存存货的成本差异和本月取得存货形成的成本差异,最终应由本月发出存货和期末结存存货来共同分摊,小企业本月发出存货时,应根据发出存货的受益对象,将应由已消耗存货应负担的成本差异,从"材料成本差异"科目转入有关科目。

(2) 发出存货应负担的成本差异必须按月分摊,不得在季末或年末一次计算分摊。

4. **发出存货的计量**

(1) 小企业应当采用先进先出法、加权平均法或者个别计价法确定发出存货的实际成本。

(2) 企业应按发出存货的用途,进行相应的账务处理。

生产经营领用周转材料如表2-3所示。

表2-3 生产经营领用周转材料

领用部门	用途	涉及收入类科目	相关成本费用类科目
生产车间	构成产品实体一部分		生产成本
生产车间	一般性物料消耗		制造费用
销售部门	随同商品出售不单独计价的		销售费用
销售部门	随同商品出售并单独计价的	其他业务收入	其他业务成本
管理部门	自用		管理费用

(3) 销售存货。销售库存商品、产成品收入应记入"主营业务收入"科目,计算的增值税额,应贷记"应交税费——应交增值税(销项税额)"科目,成本结转至"主营业务成本"科目。

销售原材料时,收入应记入"其他业务收入"科目,对于计算的增值税额应贷记"应交税费——应交增值税(销项税额)"科目,成本结转至"其他业务成本"科目。

5. **存货毁损、盘盈、盘亏**

小企业因存货的毁损、盘盈和盘亏而产生的收益和损失应当计入当期损益。

(1) 毁损:存货发生毁损,其处置收入、可收回责任人赔偿和保险赔款,扣除其成本、相关税费后的净额,应当记入"营业外收入"或"营业外支出"科目。

(2) 盘盈:盘盈存货的成本,应当按照同类或类似存货的市场价格或评估价值确定,盘盈存货实现的收益,应当记入"营业外收入"科目。

(3) 盘亏:盘亏存货发生的损失,应当记入"营业外支出"科目。

【例题9·单项选择题】 小企业盘盈的存货,应(   )科目。

A. 记入"其他业务收入" B. 冲减"管理费用"
C. 记入"主营业务收入" D. 记入"营业外收入"

【答案】 D

【解析】 《小企业会计准则》规定,盘盈的存货,记入"营业外收入"科目;而《企业会计准则》规定,盘盈的存货记入"管理费用"科目(贷方,冲减)。

五、长期投资

1. 长期债券投资

长期债券投资是指小企业准备长期(在1年以上)持有的在1年内不能变现或者不准备随时变现的债券投资。企业进行长期债券投资的目的主要是获得稳定的收益。

(1) 长期债券投资核算的有关科目(表2-4)。

表2-4 长期债券投资核算的有关科目

	核算科目	性质	核算内容
长期债券投资	长期债券投资——面值	资产类	核算企业持有的债券面值
	长期债券投资——溢折价	资产类	① 核算长期债券投资初始计量产生的溢折价金额(包括相关税费) ② 后续计量溢折价的摊销
	长期债券投资——应计利息	资产类	核算持有的到期一次还本付息长期债券应收取的利息
	应收利息	资产类	① 实际支付的购买价款中包含已到付息期但尚未领取的利息 ② 核算持有的分期付息长期债券应收取的利息
	投资收益	损益类	核算企业持有长期债券期间取得的投资收益以及处置长期债券实现的损益

(2) 长期债券投资的初始计量。小企业购入债券作为长期债券投资,应按购买价款和相关税费作为成本进行计量。

发行方式有平价发行、溢价发行和折价发行。

例如,溢价发行:

借:长期债券投资——面值【面值】
　贷:长期债券投资——溢折价【溢价+相关税费】
　　　银行存款【实付金额】

【例题10·单项选择题】 小企业进行长期债券投资发生的相关税费,记入(　　)科目。

A. "长期债券投资——溢折价" B. "财务费用"
C. "长期债券投资——面值" D. "管理费用"

【答案】 A

【解析】 长期债券投资初始计量时的相关税费计入投资成本,记入"长期债券投资——溢折价"科目。

(3) 长期债券投资的后续计量。小企业长期债券投资在持有期间,后续计量的内容主要是计量应收利息和分摊长期债券投资的溢折价。将应收利息与溢折价的摊销额之差(或之和)记入"投资收益"科目。

需要注意的是科目的运用:

① 核算分期付息、一次还本的长期债券应收取的利息,记入"应收利息"科目。
② 核算到期一次还本付息的长期债券应收取的利息,记入"长期债券投资——应计利息"科目。

【例题 11·单项选择题】 小企业持有分期付息、一次还本的长期债券应收取的利息,应记入( )科目。

A."应收利息"　　　　　　　　　　B."财务费用——利息收入"
C."长期债券投资——应计利息"　　D."管理费用"

【答案】 A

【解析】 核算分期付息、一次还本的长期债券应收取的利息,记入"应收利息"科目;核算到期一次还本付息的长期债券应收取的利息,记入"长期债券投资——应计利息"科目。

(4) 长期债券投资的处置。长期债券投资的处置主要是指长期债券到期之前出售或到期收回长期债券。

小企业处置长期债券投资,价款扣除其账面余额、相关税费后的净额,应当记入"投资收益"科目。债券投资到期,小企业收回长期债券投资,应当冲减其账面余额。

小企业长期债券投资到期,则收回长期债券投资。

借:银行存款【实收金额,本金或本息】
　　贷:长期债券投资——面值【面值】
　　　　　　　　　　——应计利息【到期一次还本付息】/应收利息【分期付息】
　　　　投资收益【差,或在借方】

2. 长期股权投资

长期股权投资是指小企业准备长期持有的权益性投资。

1) 长期股权投资的初始计量

小企业以支付现金取得的长期股权投资,应当按照购买价款和相关税费作为成本进行计量,记入"长期股权投资"科目;实际购买价款中包含已宣告但尚未发放的现金股利,应记入"应收股利"科目。

借:长期股权投资　　　【差,含购买价款+相关税费】
　　应收股利　　　　　【价款中包含的已宣告但尚未发放的现金股利】
　　贷:银行存款　　　【实付金额】

2) 长期股权投资的后续计量

在长期股权投资持有期间,被投资单位宣告分派的现金股利或利润,应当按照应分得的金额确认为投资收益,即:

借:应收股利
　　贷:投资收益

【例题 12·单项选择题】 小企业无法收回的股权投资,应记入( )科目。

A."其他业务支出"　　　　B."财务费用"
C."营业外支出"　　　　　D."管理费用"

【答案】 C

【解析】 无法收回的长期投资,记入"营业外支出"科目。

六、固定资产

1. 固定资产的初始计量

固定资产的初始计量是指确定固定资产的取得成本。固定资产应当按照成本进行初始计量。

固定资产初始计量的成本,包括小企业为构建某项固定资产达到预定可使用状态前所发生的一切合理的、必要的支出。

1) 外购固定资产

企业外购固定资产的成本,包括购买价款、相关税费、运输费、装卸费、安装费等,但不包括按照税法规定可以抵扣的增值税进项税额。

外购固定资产是否达到预定可使用状态,需要根据具体情况进行分析判断。

若外购不需安装的固定资产,小企业应设置"固定资产"科目,可以抵扣的进项税额记入"应交税费——应交增值税(进项税额)"科目。

若外购需安装的固定资产,小企业应设置"在建工程"科目,"在建工程"反映企业期末各项未完工程的实际支出。

分录如下:

(1) 购入需要安装的固定资产:

借:在建工程
　　应交税费——应交增值税(进项税额)【可抵扣的增值额】
　贷:银行存款

(2) 固定资产在安装的过程中发生的安装调试等费用:

借:在建工程
　贷:银行存款

(3) 安装结束,固定资产达到预定可使用状态,将"在建工程"科目余额转入"固定资产"科目:

借:固定资产
　贷:在建工程

【例题13·单项选择题】 小企业外购需安装固定资产时,发生的安装费应记入(　　)科目。

A. "固定资产"　　　　　　　　　B. "在建工程"
C. "长期摊销费用"　　　　　　　D. "制造费用"

【答案】 B

【解析】 小企业需安装固定资产所发生的费用,应通过"在建工程"科目进行核算。

2) 自行建造固定资产

自行建造固定资产的成本,由建造该项资产在竣工决算前发生的支出(含相关借款利息)构成,包括工程物资成本、人工成本、缴纳的相关税费、应予资本化的借款费用以及应分摊的间接费用等。

小企业自行建造固定资产包括自营建造和出包建造两种方式。无论采用何种方式,所建工程都应按照实际发生的支出确定其工程成本并单独核算。

(1) 自营工程。自营工程多指自制专用设备等有形动产。

小企业需设置"工程物资"和"在建工程"科目。

(2) 出包工程。出包工程是指小企业通过招标方式将工程项目发包给建造承包商,由建造承包商组织工程项目施工。

小企业应设置"在建工程"科目,核算企业与建造承包商办理工程价款的结算业务。

3) 投资者投入的固定资产

投资者投入固定资产的成本,应当按照评估价值和相关税费确定。

《企业会计准则》规定应按投资合同或协议约定的价值加上应支付的相关税费作为固定资产的入账价值,但合同或协议约定价值不公允的除外。

按取得固定资产的入账价值,借记"固定资产"科目,可以抵扣的进项税额,借记"应交税费——应交增值税(进项税额)"科目,贷记"实收资本"或"股本"科目,按其差额部分记入"资本公积——资本溢价"或"资本公积——股本溢价"科目,即:

借:固定资产【合同或协议的价值+相关税费】
　　应交税费——应交增值税(进项税额)【可抵扣的进项税额】
　　贷:实收资本/股本【份额】
　　　　资本公积——资本溢价/股本溢价【差额】

2. 固定资产的后续计量

1) 固定资产折旧

固定资产折旧是指在固定资产使用寿命内,按照确定的方法对应计折旧额进行系统分摊。

应计提折旧是指应当计提折旧的固定资产的原价(成本)扣除其预计净残值后的金额。

《小企业会计准则》规定,小企业不计提减值准备,所以无需考虑固定资产的减值准备。

(1) 影响固定资产折旧的因素。影响固定资产折旧的因素主要有以下几个方面:固定资产原值,指固定资产的成本;预计净残值;使用寿命。

小企业固定资产不计提减值,因此影响折旧的因素只有3个。

【例题14·多项选择题】 影响小企业固定资产折旧核算的因素有(　　)。

A. 原始价值　　　　　　　　　B. 预计净残值
C. 固定资产减值准备　　　　　D. 使用寿命
E. 固定资产的性能

【答案】 ABD

【解析】 影响固定资产折旧核算的因素有3个:原始价值、预计净残值、使用寿命。

(2) 固定资产的折旧范围。除以下情况外,小企业应该对所有固定资产计提折旧:房屋、建筑物以外未投入使用的固定资产;以经营租赁方式租入的固定资产;已提足折旧仍继续使用的固定资产。

【例题15·多项选择题】 以下固定资产需计提折旧的有(　　)。

A. 融资租入固定资产

B. 经营租赁方式租入的固定资产

C. 达到预定可使用状态,未投入使用的厂房

D. 提前报废的设备

E. 季节性停产的固定资产

F. 大修理期间暂停使用的固定资产

H. 扩建中的固定资产

【答案】 ACEF

【解析】 经营租赁方式租入的固定资产不计提折旧,只支付租金;提前报废的设备其账面价值已注销,不计提折旧;扩建中的固定资产,在投入扩建时,就将其账面价值转入"在建工程"科目,不计提折旧。

(3) 固定资产的折旧方法。小企业应当按照年限平均法(即直线法)计提折旧。小企业的固定资产由于技术进步等原因,确需加速折旧的,可以采用双倍余额递减法和年数总和法。

(4) 固定资产折旧的会计处理。企业根据固定资产的受益对象按月计提折旧,计入相关资产的成本或者当期损益,贷记"累计折旧"科目,借记相关科目。固定资产折旧的账务处理如表 2-5 所示。

表 2-5　固定资产折旧的账务处理

使用部门	借记科目	备　注
管理部门	管理费用	
内设销售机构		
基本生产车间	制造费用	如生产设备、厂房的折旧
专设销售机构	销售费用	如售后服务网点、销售网点的固定资产折旧
经营性出租	其他业务成本	如经营性出租设备的折旧
用于自行建造其他固定资产	在建工程	如用于自行建造办公楼的货车折旧
用于内部研发其他无形资产,开发阶段符合资本化条件的	研发支出——资本化支出	如用于 B 专利权研发的 A 设备的折旧

会计分录如下:

借:管理费用/销售费用/制造费用等
　　贷:累计折旧

2) 固定资产后续支出

固定资产后续支出是指固定资产使用过程中发生的更新改造支出、修理费用等。

(1) 固定资产后续支出的处理原则:符合固定资产确认条件的,应当计入固定资产成本,同时将被替换部分的账面价值扣除。

(2) 不符合固定资产确认条件的,应当计入当期损益。

3. 固定资产的处置

企业出售、转让、报废固定资产或发生固定资产销毁,应当按处置收入扣除其账面价值、相关税费和清理费用后的净额,记入"营业外收入"或"营业外支出"科目。

【例题 16·单项选择题】 小企业固定资产出售净收益,记入( )科目。
A."投资收益"　　　　　　　　　B."其他业务收入"
C."主营业务收入"　　　　　　　D."营业外收入"

【答案】 D

【解析】 小企业固定资产的处置净损益记入"营业外收入"或"营业外支出"科目。

4. 固定资产的清查

1) 固定资产盘盈

盘盈的固定资产,按重置成本记入"营业外收入"科目。

(1) 发现盘盈:

借:固定资产　　　　　【重置成本】
　　贷:待处理财产损溢——待处理固定资产损溢

(2) 经批准后:

借:待处理财产损溢——待处理固定资产损溢
　　贷:营业外收入

2) 固定资产盘亏

盘亏的固定资产,按盘亏净损失,记入"营业外支出"科目。

(1) 发现盘亏:

借:待处理财产损溢——待处理固定资产损溢【账面价值】
　　累计折旧
　　贷:固定资产

(2) 落实原因后:

借:其他应收款/银行存款等科目
　　营业外支出——盘亏损失【盘亏损失】
　　贷:待处理财产损溢——待处理固定资产损溢

【例题 17·单项选择题】 小企业盘盈固定资产,记入( )科目。
A."投资收益"　　　　　　　　　B."其他业务收入"
C."主营业务收入"　　　　　　　D."营业外收入"

【答案】 D

【解析】 小企业固定资产盘盈记入"营业外收入"科目。《企业会计准则》规定,固定资产盘盈记入"以前年度损益调整"科目。

【例题 18·单项选择题】 小企业盘亏固定资产,记入( )科目。
A."投资损失"　　　　　　　　　B."其他业务成本"
C."主营业务成本"　　　　　　　D."营业外支出"

【答案】 D

【解析】 小企业固定资产盘亏记入"营业外支出"科目。《企业会计准则》规定,固定资产盘亏如属经营损失,记入"管理费用"科目;如属非常损失,记入"营业外支出"科目。

七、无形资产

1. 无形资产初始计量

无形资产通常是按实际成本计量,即以取得无形资产并使之达到预定用途而发生的全部支出作为无形资产的成本。

2. 无形资产后续计量的原则

无形资产应当在其使用寿命内采用年限平均法进行摊销,计入相关资产的成本或管理费用,并冲减无形资产。

摊销期自其可供使用时开始至停止使用或出售时止。有关法律规定或合同约定了使用年限的,可以按照规定或约定的使用年限分期摊销。企业不能可靠地估计无形资产使用寿命的,摊销期不短于10年。

无形资产的摊销额一般应当计入当期损益,企业自用的无形资产,其摊销额计入管理费用;出租的无形资产,其摊销金额计入其他业务成本;某项无形资产包含的经济利益通过所生产的产品或其他资产实现的,其摊销金额应当计入相关资产成本。

3. 具体账务处理

1) 摊销期和摊销方法

无形资产的摊销期自其可供使用时(即其达到预定用途)开始至终止确认时止。在无形资产的使用寿命内系统地分摊其应摊销金额,应采用年限平均法。

2) 残值的确定

无形资产的残值一般为零,除非有第三方承诺在无形资产使用寿命结束时以一定的价格购买该项无形资产,或者通过市场可以得到无形资产使用寿命结束时的残值信息。从目前情况来看,在无形资产使用寿命结束时,该市场还可能存在的情况下,可以估计无形资产的残值。

【例题19·单项选择题】 2×23年1月1日,甲小企业将一项专利权的使用权转让给乙公司,每年收取租金4万元,适用的营业税税率为5%。该专利权系企业2×23年1月1日购入的,初始成本为5万元,预计使用年限为5年。该无形资产按年限平均法摊销。假定不考虑其他因素,乙公司2×23年度因该专利权形成的其他业务利润为(　　)万元。

A. 2　　　　B. 2.8　　　　C. 3　　　　D. 4

【答案】 B

【解析】 其他业务利润=4−4×5%−5÷5=2.8

八、长期待摊费用

1. 科目设置

小企业应设置"长期待摊费用"科目。

2. 长期待摊费用的会计处理

(1) 已提足折旧的固定资产的改建支出,按照固定资产预计尚可使用年限分期摊销。

(2) 经营租入固定资产的改建支出,按照合同约定的剩余租赁期限分期摊销。

(3) 符合税法规定的固定资产的大修理支出,按照固定资产预计尚可使用年限分期摊销。

固定资产大修理支出是指同时符合下列两个条件的支出:①修理支出达到取得固定资产时的计税基础50%以上。②修理后固定资产的使用寿命延长2年以上。

以上两个条件必须同时满足,缺一不可,不符合修理条件的修理支出作为日常修理支出,应在发生时直接计入当期损益。

(4) 其他长期待摊费用。其他长期待摊费用是指小企业除了以上三种情况以外的其他情况发生的长期待摊费用。应当在其摊销期限内采用年限平均法进行摊销,根据其受益对象计入相关资产的成本或者管理费用等,并冲减长期待摊费用。

【例题 20·多项选择题】《小企业会计准则》所指固定资产的大修理支出,是指同时符合几个条件的支出,下列描述正确的有( )。

A. 修理支出达到取得固定资产时的计税基础50%以上
B. 修理支出达到取得固定资产时的账面余值50%以上
C. 修理后固定资产的使用年限延长1年以上
D. 修理后固定资产的使用寿命延长2年以上

【答案】 AD

【解析】 固定资产大修理支出是指同时符合下列两个条件的支出:①修理支出达到取得固定资产时的计税基础50%以上。②修理后固定资产的使用寿命延长2年以上。

思考与练习

一、单项选择题

1. 小企业将款项汇往外地开立采购专用账户时,应借记的会计科目是( )。
   A. "材料采购"   B. "在途物资"
   C. "预付账款"   D. "其他货币资金"

2. 下列各项中,不属于其他货币资金的是( )。
   A. 银行汇票存款   B. 支票
   C. 银行本票存款   D. 信用卡存款

3. 小企业日常经营活动的资金收付及其工资、奖金和现金的支取,应通过( )办理。
   A. 基本存款账户   B. 一般存款账户
   C. 临时存款账户   D. 专项存款账户

4. 小企业取得短期投资支付的价款中包含已宣告但尚未发放的现金股利应当记入( )科目。
   A. "应收股利"   B. "投资收益"
   C. "投资成本"   D. "资本公积"

5. 某小企业20×3年2月1日购入A公司15万股股票作为短期投资,每股价格为6元。5月15日收到A公司分派的现金股利3万元。收到分派的股利后,企业所持有的A公司股票每股成本为( )元。
   A. 3.60   B. 6.00   C. 3.48   D. 5.80

6. 在我国,小企业收到的商业汇票应以( )计价。
   A. 到期值的现值   B. 票据到期值

C. 票据面值 D. 票据贴现值

7. 销货方按商品售价给予客户的现金折扣,会计上应该作为( )处理。
   A. 营业外支出 B. 冲减销售收入
   C. 财务费用 D. 销售费用

8. 小企业投资者投入的存货成本,按( )确定。
   A. 投资合同价值 B. 存货账面成本
   C. 评估确认的价值 D. 投资协议约定的价值

9. 包装产品用的包装纸、绳等包装材料,应在( )科目核算。
   A. "包装物" B. "原材料"
   C. "低值易耗品" D. "库存商品"

10. 甲公司出资90万元,取得了乙公司60%的控股权,假如购买股权时乙公司的账面净资产价值为100万元,则甲公司确认的长期股权投资成本为( )万元。
    A. 100 B. 60
    C. 90 D. 120

11. 小企业"长期股权投资"科目的余额表示的是( )。
    A. 以市价反映的投资金额 B. 以面值反映的投资金额
    C. 在被投资企业净资产中拥有的份额 D. 以成本反映的投资金额

12. 小企业购入需要安装的固定资产,其全部安装成本(包括固定资产买价以及包装运杂费和安装费)均应通过( )科目进行核算。
    A. "固定资产" B. "在建工程"
    C. "工程物资" D. "长期投资"

13. 出售短期投资,出售价款扣除其账面余额、相关税费后的净额应当记入( )科目。
    A. "短期投资" B. "营业外收入"
    C. "其他业务收入" D. "投资收益"

14. 计提固定资产折旧时,可以先不考虑固定资产残值的方法是( )。
    A. "年限平均法" B. "工作量法"
    C. "双倍余额递减法" D. "年数总和法"

15. 对出租的无形资产进行摊销时,其摊销的价值应当记入( )。
    A. "管理费用" B. "其他业务成本"
    C. "营业外支出" D. "销售费用"

16. 小企业出租无形资产取得的收入,应当记入( )科目。
    A. "主营业务收入" B. "其他业务收入"
    C. "投资收益" D. "营业外收入"

17. 无形资产是指小企业为生产产品、提供劳务、出租或经营管理而持有的没有实物形态的可辨认( )。
    A. 货币性资产 B. 非货币性资产
    C. 货币性流动资产 D. 货币性非流动资产

18. 小企业发生的符合条件的固定资产大修理支出,应借记的科目是( )。
    A. "管理费用" B. "在建工程"

C. "长期待摊费用"　　　　　　　　　D. "制造费用"

19. 2×23年1月1日,甲小企业将一项专利权的使用权转让给乙公司,每年收取租金4万元,适用的增值税税率为5%。该专利权系企业2×13年1月1日购入的,初始成本为5万元,预计使用年限为5年。该无形资产按年限平均法摊销。假定不考虑其他因素,乙公司2×14年度因该专利权形成的其他业务利润为( )万元。

A. 2　　　　　　B. 2.8　　　　　　C. 3　　　　　　D. 4

20. 《小企业会计准则》规定,长期待摊费用应当在其摊销期限内采用( )摊销。

A. 年限平均法　　　　　　　　　　B. 年数总和法
C. 双倍余额递减法　　　　　　　　D. 快速摊销法

二、多项选择题

1. 下列未达账项中,会导致银行存款对账单余额大于银行存款日记账余额的有( )。
   A. 企业已开出但银行尚未兑付的支票
   B. 企业已收但尚未存入银行的转账支票
   C. 银行收到委托款项但尚未通知企业
   D. 银行划付电话费但未将通知单送达企业

2. 小企业短期投资的核算应设置的会计科目有( )。
   A. "短期投资"　　　　　　　　　B. "应收股息"
   C. "应收利息"　　　　　　　　　D. "投资收益"

3. 以现金购入的短期投资的成本包括( )。
   A. 购买价款　　　　　　　　　　　B. 税金、手续费等相关费用
   C. 已宣告但尚未领取的现金股利　　D. 已到付息期但尚未领取的债券利息

4. 小企业的预付账款可以通过( )科目进行核算。
   A. "预付账款"　　　　　　　　　B. "应付账款"
   C. "其他应收款"　　　　　　　　D. "其他应付款"

5. 下列各项中,应包括在资产负债表"存货"项目的有( )。
   A. 周转材料　　　　　　　　　　　B. 委托加工物资
   C. 正在加工中的在产品成本　　　　D. 消耗性生物资产

6. "材料成本差异"科目借方可以用来登记的有( )。
   A. 购进材料实际成本小于计划成本的差额
   B. 发出材料应负担的实际成本大于计划成本的差额
   C. 发出材料应负担的实际成本小于计划成本的差额
   D. 购进材料实际成本大于计划成本的差额

7. 小企业在"长期债券投资"科目下,需要设置的明细科目有( )。
   A. "债券面值"　　　　　　　　　B. "委托加工物资"
   C. "应计利息"　　　　　　　　　D. "应收利息"

8. 企业在购建下列固定资产时需记入"在建工程"科目的有( )。
   A. 无需安装的固定资产　　　　　　B. 需要安装的固定资产

C. 固定资产的改扩建　　　　　　D. 固定资产新建工程

9. 下列各项中，属于小企业无形资产的有（　　）。
   A. 自行开发建造厂房等建筑物　　B. 尚未注册的商标
   C. 外购的土地使用权　　　　　　D. 外购的商标权

10. 《小企业会计准则》所指固定资产的大修理支出，是指同时符合下列条件的支出，下列描述正确的有（　　）。
    A. 修理支出达到取得固定资产时的计税基础 50% 以上
    B. 修理支出达到取得固定资产时的账面余值 50% 以上
    C. 修理后固定资产的使用年限延长 1 年以上
    D. 修理后固定资产的使用寿命延长 2 年以上

三、判断题

1. 小企业的"银行存款日记账"与"银行对账单"应至少每月核对一次。（　　）
2. 企业在现金清查中，对于无法查明原因的现金溢余，经过批准后应计入管理费用。（　　）
3. 小企业取得短期投资时，按照实际支付的购买价款作为成本进行计量，相关税费计入投资收益。（　　）
4. 短期投资的成本是指取得投资时实际支付的全部价款。（　　）
5. 小企业持商业汇票向银行等金融机构贴现，应将办理贴现的手续费记入"财务费用"科目。（　　）
6. 存货发生毁损、处置收入、可收回的责任人赔偿和保险赔款，扣除其成本、相关税费后的净额，应当记入"管理费用"科目。（　　）
7. 无论小企业对存货采用实际成本核算，还是采用计划成本核算，在编制资产负债表时，资产负债表上的存货项目反映的都是存货的实际成本。（　　）
8. 溢价购入债券时，购入企业按债券票面规定的利率所获得的利息数，加上溢价摊销部分，才等于债券投资的实际利息收入数。（　　）
9. 企业用工作量法计提折旧的特点是每期提取的折旧额相等。（　　）
10. 无形资产，是指小企业为生产产品、提供劳务、出租或经营管理而持有的、没有实物形态的非货币性资产。（　　）

四、计算及账务处理题

1. 小企业 A 公司于 2×23 年 1 月 6 日对现金进行清查时，发现短缺 800 元。经落实，需由责任人王丽赔偿 300 元，由平安保险公司赔偿 400 元，无法查明原因的短缺为 100 元，并经批准进行相应的账务处理。

2. 小企业 A 公司应收取 B 企业的货款 50 000 元，由于对方经营不利，其中 40 000 元已无法收回，于 2×23 年 1 月 9 日收到 10 000 元。

3. 2×23 年 3 月 2 日，小企业 A 公司以银行存款从证券交易所购入 B 上市公司股票 40 000 股，准备持有以在短期获利，共支付款项 400 000 元，其中包含每股 0.20 元已宣告但尚未发放的现金股利。另支付交易手续费 5 000 元。该现金股利于 2×23 年 3 月 28 日发放。

4. 2×23年2月12日小企业A公司赊销一批商品至华美公司,开出的增值税专用发票上注明货款50 000元,增值税额6 500元。2月16日,银行收讫货款。

5. 2×23年8月1日,小企业A公司从C公司赊购一批原材料,并验收入库。C公司开具的增值税专用发票上注明价款100 000元,增值税额13 000元。C公司为了鼓励A公司提前付款,根据购货合同规定,给A公司开出的现金折扣条件为"2/10,1/20,n/30",假设现金折扣不考虑增值税,编制以下会计分录:

(1) 8月1日赊购原材料。

(2) 付款:①8月9日付款。②8月17日付款。③8月26日付款。

6. 2×23年1月1日,小企业A公司用银行存款从证券市场上购入B公司2×22年1月1日发行的债券,面值100 000元、期限5年、票面利率8%、每年1月8日付息、到期日归还本金和最后一次利息。实际支付的购买价款为108 000元,假设不考虑支付的相关手续费。

7. 2×23年2月1日,小企业A公司以一项专利技术换入D股份公司普通股股票100 000股,不含已宣告但尚未发放的现金股利。A公司该项专利技术账面价值为700 000元(其中"无形资产"科目余额为850 000元,"累计摊销"科目余额为150 000元),经专业机构评估,该专利技术的公允价值为710 000元,应交相关税费为8 000元。

8. 小企业B公司购入一台不需要安装即可投入使用的戴尔电脑,取得的增值税专用发票上注明的设备价款为9 000元,增值税额为1 170元,款项以银行存款支付。分别假设B公司为一般纳税人及小规模纳税人,编制相应会计分录。

9. 小企业B公司为非股份有限公司,收到东风公司投入的设备一台,该设备价款为200 000元,增值税额26 000元,东风公司享有B公司注册资本的份额为180 000元。

10. 小企业C公司2×23年2月份固定资产计提折旧情况如下:甲车间厂房计提折旧8 600元、乙车间厂房计提折旧12 000元、管理部门房屋建筑物计提折旧11 000元、专设销售机构固定资产折旧3 000元、经营性出租固定资产计提折旧600元、用于自行建造厂房的货车计提折旧1 000元。

11. 2×23年2月6日,小企业B公司因生产经营管理的需要,将一台2×19年1月3日购买的设备出售,出售的价款为110 000元。被出售设备的原值200 000元,已计提累计折旧80 000元。出售时发生清理费用1 500元。

第三章　负　债

重点、难点讲解及典型例题

一、负债概述

负债是指小企业过去的交易或者事项形成的,预期会导致经济利益流出小企业的现时义务。小企业的负债按照其流动性,可分为流动负债和非流动负债,如图3-1所示。

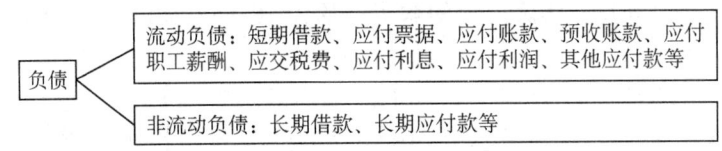

图3-1　负债类型

1. 流动负债

小企业的流动负债是指预计在1年内(含1年)或者超过1年的一个正常营业周期内清偿的债务。

小企业的流动负债包括:短期借款、应付账款、预收款项、应付职工薪酬、应交税费、应付利息等。

2. 非流动负债

小企业的非流动负债是指流动负债以外的负债,即预计在1年以上或者超过1年的一个正常营业周期以上清偿的债务。

小企业的非流动负债包括:长期借款、长期应付款等。

【例题1·多项选择题】属于流动负债的有(　　)。

A. 短期借款　　　B. 应付票据　　　C. 应付账款　　　D. 预付账款
E. 预收账款　　　F. 长期应付款

【答案】ABCE

【解析】"预付账款"属于流动资产,"长期应付款"属于非流动负债。

二、短期借款

1. 短期借款的定义及科目设置

短期借款是指小企业从银行或其他金融机构等借入的期限在1年以内(含1年)的各种借款。为了核算小企业借入的各种短期借款(本金)的增减变动及其结余情况,企业应当设置"短期借款"账户。该账户贷方反映取得的短期借款(短期借款的增加),借方反映短期借款的偿还(短期借款的减少),期末余额在贷方,反映企业尚未偿还的短期借款的本金结存额。"短期借款"应按照借款种类、贷款人和币种进行明细核算。

2. 短期借款的核算

（1）借入短期借款的会计核算。在取得借款时，一般以取得借款的凭证为依据，按实际借款金额（本金），借记"银行存款"科目，贷记"短期借款"科目。

（2）短期借款利息的会计核算。短期借款应当按照借款本金和借款合同利率在应付利息日计提利息费用，计入财务费用。应付利息日，应当按照借款合同利率计算确定的利息费用，借记"财务费用"科目，贷记"应付利息"等科目。

实际支付利息时，借记"应付利息"科目，贷记"银行存款"科目。

【例题2·单项选择题】 若短期借款利息按月度计提、按季度支付，在应付利息日，短期借款利息应借记的科目是（ ）。

A."财务费用"　　　　　　　　B."销售费用"

C."在建工程"　　　　　　　　D."研发支出"

【答案】 A

【解析】 本题中，企业在应付利息日预提短期借款利息时的分录为：

借：财务费用
　　贷：应付利息

（3）偿还短期借款的会计核算。

企业应于到期日偿还短期借款的本金，借记"短期借款"科目，贷记"银行存款"科目。

三、应付及预收款项

1. 应付票据

应付票据是指小企业因购买材料、商品或接受劳务等日常生产经营活动开出、承兑的商业汇票（银行承兑汇票和商业承兑汇票）。

为了核算应付票据的增减变动情况，小企业应当设置"应付票据"账户。该账户贷方反映小企业开出、承兑商业汇票的面值，借方反映商业汇票到期而支付的款项或票据到期无力支付而转为应付账款的款项等，期末余额在贷方，反映小企业开出、承兑的尚未到期商业汇票的票面金额。该账户应按照债权人进行明细核算。

（1）小企业开出、承兑商业汇票或以商业汇票抵付货款、应付账款时，借记"材料采购"或"在途物资""库存商品"等科目，贷记"应付票据"科目，涉及增值税进项税额的，还应进行相应的账务处理。

（2）如果开出的是银行承兑汇票，还应支付银行承兑汇票的手续费，借记"财务费用"科目，贷记"银行存款"科目。

（3）商业汇票到期，小企业支付票款时，借记"应付票据"科目，贷记"银行存款"科目。

（4）银行承兑汇票到期，若小企业无力支付票款，承兑银行仍须无条件向持票人全额付款，同时对出票人尚未支付的汇票金额作逾期贷款处理。所以，小企业应借记"应付票据"科目，贷记"短期借款"科目。对于银行计收的利息，按短期借款利息的处理方法处理。

（5）商业承兑汇票到期，小企业无力支付票款的，按"应付票据"账面价值转入"应付账款"科目，待协商后再行处理。

【例题3·多项选择题】 作为付款方,为了核算(   )的增减变动情况,小企业应当设置"应付票据"账户。

A. 银行本票
B. 银行汇票
C. 支票
D. 银行承兑汇票
E. 商业承兑汇票

【答案】 DE

【解析】 在我国,应收票据、应付票据仅指"商业汇票",包括"银行承兑汇票"和"商业承兑汇票"两种。商业汇票属于远期票据,付款期一般在1个月以上、6个月以内。其他银行票据如支票、银行本票、银行汇票,属于即期票据,都是作为货币资金进行核算的,而不作为应收、应付票据。

【例题4·单项选择题】 对于银行承兑汇票到期,小企业无力支付票款的,借记"应付票据"科目,应贷记的科目是(   )。

A. "预付账款"
B. "应付账款"
C. "财务费用"
D. "短期借款"

【答案】 D

【解析】 对于银行承兑汇票到期,若小企业无力支付票款的,承兑银行仍须无条件向持票人全额付款,同时对出票人尚未支付的汇票金额作逾期贷款处理。所以,分录为:

借:应付票据
　　贷:短期借款

2. 应付账款

应付账款是指小企业因购买材料、商品或接受劳务等日常生产经营活动应支付的款项。应付账款是由于购货方取得物资或劳务与支付货款在时间上不一致而产生的负债。

为了核算和监督应付账款的形成及其偿还情况,小企业应当设置"应付账款"账户。该账户贷方反映小企业因购买材料、商品或接受劳务等所形成的应付未付款项,借方反映小企业偿还的应付账款或开出商业汇票抵付应付账款的款项,期末余额一般在贷方,反映小企业尚未支付的应付账款。该账户应按照对方单位(或个人)进行明细核算。

1) 购买物资或接受劳务,货款尚未支付的会计核算

应付账款一般按实际发生额入账,其入账金额应以发票金额为依据。小企业应根据发票账单,借记"原材料"或"库存商品"或"在途物资""应交税费——应交增值税(进项税额)"等科目,贷记"应付账款"科目。

2) 偿付应付账款的会计核算

如果不考虑有现金折扣的情形,小企业偿付应付账款时,应借记"应付账款"科目,贷记"银行存款"科目。

3) 确实无法偿付应付账款的会计核算

小企业确实无法偿付的应付款项,应当计入营业外收入。小企业确实无法偿付的应付账款,应借记"应付账款"科目,贷记"营业外收入"科目。

【例题5·多项选择题】 对于确实无法偿付的应付账款,小企业应(   )科目。

A. 借记"应付账款"
B. 借记"营业外支出"

C. 贷记"应付账款" D. 贷记"营业外收入"

【答案】 AD

【解析】 小企业确实无法偿付的应付款项,应当计入营业外收入,分录为:

借:应付账款
　　贷:营业外收入

3. 预收账款

预收账款是指小企业按合同规定预收的款项,包括预收的销货款、工程款等。

如果小企业的预收账款比较多,应当设置"预收账款"账户进行核算。该账户贷方反映预收货款的金额和购货方补付的金额,借方反映小企业向购货方发货后应冲销的预收货款金额和退回购货方的多付货款金额;期末余额在贷方,反映小企业预收的款项,期末余额在借方,反映应由购货方补付的款项。该账户应按照对方单位(或个人)进行明细核算。

预收账款情况不多的小企业,也可不设置"预收账款"科目,将预收的款项直接记入"应收账款"科目贷方。

(1)小企业向购货方预收的款项,借记"银行存款"等科目,贷记"预收账款"科目。

(2)小企业销售收入实现时,按实现的收入金额借记"预收账款"科目,贷记"主营业务收入"科目。涉及增值税销项税额的还应进行相应的处理。

(3)小企业收到购货方补付的款项时,应借记"银行存款"等科目,贷记"预收账款"科目。

(4)小企业向购货方退回多付的款项时,应借记"预收账款"科目,贷记"银行存款"科目。

【例题6·单项选择题】 预收账款情况不多的小企业,也可不设置"预收账款"科目,将预收的款项直接记入(　　)科目贷方。

A. "应收账款" B. "应付账款"
C. "预付账款" D. "其他应收款"

【答案】 A

【解析】 预收账款情况不多的小企业,也可不设置"预收账款"科目,将预收的款项直接记入"应收账款"科目贷方。

4. 其他应付款

其他应付款是指小企业除应付票据、应付账款、预收账款、应付职工薪酬、应交税费、应付利息、应付利润等以外的其他各项应付、暂收款项,如应付租入固定资产和包装物的租金、存入保证金、职工未按期领取的工资等。

小企业应当设置"其他应付款"账户,该账户贷方反映小企业发生的各种其他应付款项,借方反映小企业支付或转销的各种其他应付款,期末余额在贷方,反映小企业应付未付的其他应付款项。该账户应按照其他应付款的项目和对方单位(或个人)进行明细核算。

(1)小企业发生其他各种应付、暂收款项时,借记"管理费用"等科目,贷记"其他应付款"科目。

(2)小企业支付其他各种应付、暂收款项时,借记"其他应付款"科目,贷记"银行存款"等科目。

【例题7·多项选择题】 以下项目中,通过"其他应付款"科目核算的有( )。
A. 代垫的职工家属医药费
B. 应付租入固定资产和包装物的租金
C. 收取的出借包装物押金
D. 职工未按期领取的工资

【答案】 BCD

【解析】 其他应付款是指小企业除应付票据、应付账款、预收账款、应付职工薪酬、应交税费、应付利息、应付利润等以外的其他各项应付、暂收款项。代垫的职工家属医药费通过"其他应收款"科目进行核算。

四、应付职工薪酬

1. 应付职工薪酬的定义及科目设置

应付职工薪酬是指小企业为获得职工提供的服务而应付给职工的各种形式的报酬以及其他相关支出。

为了核算小企业根据有关规定应付给职工的各种薪酬,企业应当设置"应付职工薪酬"账户。该账户贷方反映本月实际发生的应付职工薪酬总额,借方反映本月实际支付的各种应付职工薪酬,期末余额在贷方,反映小企业应付未付的职工薪酬。小企业(外商投资)按照规定从净利润中提取的职工奖励及福利基金,也通过本账户核算。

"应付职工薪酬"应按照"职工工资、奖金、津贴和补贴""职工福利费""社会保险费""住房公积金""工会经费""职工教育经费""非货币性福利""辞退福利"等进行明细核算。

【例题8·多项选择题】 小企业的职工薪酬包括( )。
A. 职工工资、奖金、津贴和补贴
B. 职工福利费
C. 社会保险费
D. 住房公积金
E. 工会经费
F. 辞退福利

【答案】 ABCDEF

【解析】 小企业的职工薪酬包括"职工工资、奖金、津贴和补贴""职工福利费""社会保险费""住房公积金""工会经费""职工教育经费""非货币性福利""辞退福利"等。

2. 应付职工薪酬的核算

1) 计提职工薪酬的会计核算

生产部门(提供劳务)人员的职工薪酬,借记"生产成本""制造费用"等科目,贷记"应付职工薪酬"等科目。

应由在建工程、无形资产开发项目负担的职工薪酬,借记"在建工程""研发支出"等科目,贷记"应付职工薪酬"科目。

管理部门人员的职工薪酬和因解除与职工的劳动关系给予的补偿,借记"管理费用"科目,贷记"应付职工薪酬"科目。

销售人员的职工薪酬,借记"销售费用"科目,贷记"应付职工薪酬"科目。

2) 发放职工薪酬的会计核算

小企业向职工支付工资、奖金、津贴、福利费等,从应付职工薪酬中扣还各种款项(代扣的应由职工个人负担的社会保险费和住房公积金、个人所得税等),借记"应付职工薪酬"科目,贷记"库存现金"或"银行存款""其他应付款""应交税费——应交个人所得税"等科目。

小企业支付工会经费和职工教育经费用于工会活动和职工培训,借记"应付职工薪酬"

等科目,贷记"银行存款"等科目。

小企业按照国家有关规定缴纳的社会保险费和住房公积金,借记"应付职工薪酬""其他应付款"等科目,贷记"银行存款"等科目。

小企业以其自产产品发放给职工的,按照其销售价格,借记"应付职工薪酬"科目,贷记"主营业务收入"科目;同时,还应结转产品的成本。涉及增值税销项税额的,还应进行相应的账务处理。

小企业支付的因解除与职工的劳动关系给予职工的补偿,借记"应付职工薪酬"科目,贷记"库存现金"或"银行存款"等科目。

【例题9·单项选择题】 应由在建工程项目负担的职工薪酬,应记入( )科目的( )方。

A."管理费用" 借 B."管理费用" 贷
C."在建工程" 借 D."在建工程" 贷

【答案】 C

【解析】 应由在建工程项目负担的职工薪酬,应计入固定资产成本。所以,分录为:

借:在建工程
　　贷:应付职工薪酬

五、应交税费

1. 应交税费的定义及科目设置

应交税费是指小企业按照税法等规定计算的应交纳的各种税费,包括增值税、消费税、城市维护建设税和教育费附加、企业所得税、资源税、土地增值税、城镇土地使用税、房产税、车船税、矿产资源补偿费、排污费等。

为了核算小企业应交税费的形成及其交纳情况,企业应当设置"应交税费"账户。该账户贷方反映应缴纳的各项税费等,借方反映小企业实际缴纳的税费以及出口退税、税务机关退回多交的税费等;期末余额在贷方,反映小企业尚未缴纳的税费,期末余额若在借方,反映小企业多交或尚未抵扣的税费。小企业代扣代缴的个人所得税等,也通过本账户核算。

"应交税费"按照应交税费项目进行明细核算。一般纳税人还应当在"应交税费——应交增值税"二级账户下设置"进项税额""销项税额""出口退税""进项税额转出""已交税金"等专栏。

2. 应交增值税的核算

1)小规模纳税人应交增值税的会计核算

$$应纳税额=不含税销售额×征收率$$

$$不含税销售额=含税销售额÷(1+征收率)$$

销售商品或提供劳务时,应借记"银行存款"或"应收账款"等科目,贷记"主营业务收入""应交税费——应交增值税"科目。

缴纳增值税时,应借记"应交税费——应交增值税"科目,贷记"银行存款"科目。

【例题10·判断题】 小规模纳税人只需在"应交税费"账户下设置"应交增值税"明细账

户,不需要在"应交增值税"明细账户下设置专栏。（　　）

【答案】　对

【解析】　小规模纳税人使用简易办法计算应交增值税,按照销售额的一定比例（现行税法规定的小规模纳税人的增值税征收率为3％）计算。所以,小企业只需在"应交税费"账户下设置"应交增值税"明细账户,核算应交增值税的计算和缴纳情况。

2) 一般纳税人应交增值税的会计核算

通常情况下,一般纳税人增值税应纳税额的计算公式为：

应纳税额＝当期销项税额－（当期进项税额－进项税额转出）－上期留抵进项税额

小企业采购物资时,按照计入采购成本的金额,借记"在途物资"或"材料采购""原材料""库存商品"等科目,按照税法规定可抵扣的增值税进项税额,借记"应交税费——应交增值税（进项税额）"科目,贷记"银行存款"或"应付账款"等科目。

小企业销售商品或提供劳务时,按照收入金额和应收取的增值税销项税额,借记"银行存款"或"应收账款"等科目,按照确认的营业收入金额,贷记"主营业务收入"或"其他业务收入"等科目,按照税法规定应交纳的增值税销项税额,贷记"应交税费——应交增值税（销项税额）"科目。

小企业将自产的产品等用作福利发放给职工,应视同产品销售计算应交增值税的,借记"应付职工薪酬"科目,贷记"主营业务收入""应交税费——应交增值税（销项税额）"科目。

小企业购进的物资、在产品、产成品因盘亏、毁损、报废、被盗以及购进物资改变用途等原因,按照税法规定不得从增值税销项税额中抵扣的进项税额,其进项税额应转入有关科目,借记"待处理财产损溢"等科目,贷记"应交税费——应交增值税（进项税额转出）"科目。

在实际工作中,本期应交增值税一般在次月15日前缴纳。所以,月末计算本期增值税应纳税额时,若本期有应交未交增值税,需转出未交增值税,借记"应交税费——应交增值税（转出未交增值税）"科目,贷记"应交税费——未交增值税"科目。

次月初,缴纳上月增值税时,借记"应交税费——未交增值税"科目,贷记"银行存款"科目。

【例题11·多项选择题】　一般纳税人还应当在"应交税费——应交增值税"二级账户下设置（　　）等专栏。

A. 进项税额　　　　　　　　　B. 销项税额
C. 进项税额转出　　　　　　　D. 已交税金
E. 未交增值税

【答案】　ABCD

【解析】　一般纳税人一般应当在"应交税费——应交增值税"二级账户下设置"进项税额""已交税金""减免税款""出口抵减内销产品应纳税额""转出未交增值税""销项税额""出口退税""进项税额转出""转出多交增值税"等专栏,并按规定进行核算。"未交增值税"属于"应交税费"的二级账户。"应交税费——未交增值税"核算一般纳税人月终转入的未交增值税或多交增值税,以及次月初缴纳增值税的情况。

3. 应交消费税的核算

消费税是对生产、委托加工及进口应税消费品（主要指烟、酒、化妆品、高档次及高能耗的消费品等)征收的一种税。根据我国税法规定,消费税实行价内征收方式。

(1) 销售需要交纳消费税的物资,应交消费税,借记"税金及附加"等科目,贷记"应交税费——应交消费税"科目。

(2) 缴纳消费税,借记"应交税费——应交消费税"科目,贷记"银行存款"科目。

【例题12·单项选择题】 销售需要交纳消费税的物资应交的消费税,借记(　　)科目。

A. "管理费用"　　　　　　　　　　B. "主营业务成本"

C. "税金及附加"　　　　　　　　　D. "营业外支出"

【答案】 C

【解析】 销售需要交纳消费税的物资应交的消费税,借记"税金及附加"等科目,贷记"应交税费——应交消费税"科目。

4. 应交城市维护建设税和教育费附加的核算

城市维护建设税是以增值税、消费税为计税依据征收的一种税。其纳税人为交纳增值税、消费税的单位和个人。其计算公式为:

$$应纳税额=(应交增值税+应交消费税)\times 适用税率$$

教育费附加是为了发展教育事业而向企业征收的附加费用,企业按应交流转税的一定比例计算交纳。其计算公式为:

$$应纳税额=(应交增值税+应交消费税)\times 适用税率$$

小企业按照税法规定,应交城市维护建设税、教育费附加,借记"税金及附加"等科目,贷记"应交税费——应交城市维护建设税""应交税费——应交教育费附加"科目。

缴纳城市维护建设税、教育费附加,借记"应交税费——应交城市维护建设税""应交税费——应交教育费附加"科目,贷记"银行存款"科目。

5. 其他应交税费的核算

其他应交税费是指除上述应交税费以外的应交税费,包括应交资源税、应交土地增值税、应交所得税、应交房产税、应交城镇土地使用税、应交车船税、应交资源税等。

六、应付利息及应付利润

1. 应付利息

应付利息是指小企业按照合同约定应支付的利息费用。短期借款应当按照借款本金和借款合同利率在应付利息日计提利息费用,计入财务费用;长期借款应当按照借款本金和借款合同利率在应付利息日计提利息费用,计入相关资产成本或财务费用。

为了核算小企业按照合同约定应支付的利息费用,企业应当设置"应付利息"账户。该账户贷方反映小企业按照合同利率计算确定的利息费用,借方反映小企业实际支付的利息;期末余额在贷方,反映小企业尚未支付的利息费用。"应付利息"按照贷款人等进行明细核算。

在应付利息日,小企业应当按照合同利率计算确定的利息费用,借记"财务费用""在建工程"等科目,贷记"应付利息"科目。实际支付的利息,借记"应付利息"科目,贷记"银行存款"等科目。

2. 应付利润

应付利润是指小企业在接受投资或联营、合作期间,按协议或合同规定应支付给投资者或合作伙伴的利润,包括应付国家、其他单位以及个人的投资利润。应付利润反映了小企业与投资者之间分配与取得投资回报的关系。小企业根据相关法律法规的规定或根据投资协议或合同约定应向投资者分配利润,在未支付给投资者之前,形成了小企业的一项负债。

为了核算小企业应付给投资者的利润分配及实际支付情况,应单独设置"应付利润"账户进行核算。其贷方登记应支付的利润,借方登记实际支付的利润,期末贷方余额反映小企业应付未付的利润。本账户按照投资者进行明细核算。

小企业根据规定或协议确定的应分配给投资者的利润,借记"利润分配"科目,贷记"应付利润"科目。向投资者实际支付利润时,借记"应付利润"科目,贷记"库存现金""银行存款"科目。

【例题 13·单项选择题】 小企业宣告分配给投资者的利润时,会计分录中,贷方涉及的会计科目是( )。

A. "应付股利"　　　　　　　　　B. "应付利润"
C. "利润分配"　　　　　　　　　D. "盈余公积"

【答案】 B

【解析】 《小企业会计准则》附录——会计科目和主要账务处理中并没有"应付股利"科目,而是设置"应付利润"科目,用于核算小企业分配给投资者的利润。因为执行《小企业会计准则》的都是小公司,小公司是肯定没有上市的,所以称不上是"应付股利",故将该科目称为"应付利润"。

七、长期借款

1. 长期借款的含义及特征

长期借款是指小企业向银行或其他金融机构借入的期限在 1 年以上(不含 1 年)的各种借款。小企业的长期借款一般用于固定资产的购建、改扩建工程、大修理工程、对外投资以及保持长期经营能力等方面。它是企业长期负债的重要组成部分,必须对其加强管理与核算。它的特征如图 3-2 所示。

【例题 14·判断题】 长期借款是指小企业向银行或其他金融机构借入的期限在 1 年以上(含 1 年)的各项借款本金。   ( )

【答案】 ×

【解析】 长期借款是指小企业向银行或其他金融机构借入的期限在 1 年以上(不含 1 年)的各项借款本金。

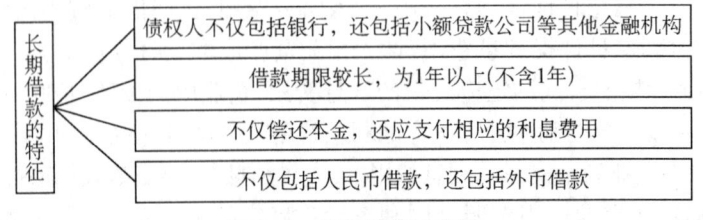

图 3-2 长期借款的特征

2. 长期借款的核算

小企业应当设置"长期借款"科目,用来核算小企业向银行或其他金融机构借入的期限在 1 年以上(不含 1 年)的各种借款本金。该科目按照借款种类、贷款人和币种进行明细核算,其贷方登记长期借款本金的增加额,借方登记长期借款本金的减少额,期末贷方余额反映小企业尚未偿还的长期借款本金。

【例题 15·单项选择题】 小企业"长期借款"科目的期末贷方余额表示(　　)。

A. 尚未偿还的利息　　　　　　　　B. 尚未借入的本金

C. 尚未偿还的本金和利息　　　　　D. 尚未偿还的本金

【答案】 D

【解析】 小企业"长期借款"的期末贷方余额反映小企业尚未偿还的长期借款本金。

3. 长期借款的利息费用

小企业长期借款利息费用的计提时点为借款合同所约定的应付利息日,即长期借款利息费用的计提时点既不是资产负债表日,也不是实际支付利息日。如果长期借款没有合同或协议约定的付息日期,则不需要预提利息费用。

(1) 小企业为购置或建造固定资产、无形资产和经过 1 年以上才能达到可销售状态的存货发生借款费用的,在有关资产购置或建造期间发生的合理的借款费用,应当作为资本性支出计入有关资产的成本。其他借款费用应当在发生时根据其实际发生额确认为费用,计入财务费用。相关借款所发生的存款利息,停止资本化之前,应冲减资产成本。

(2) 在应付利息日,小企业应当按照借款本金和借款合同利率计提利息费用,借记"财务费用""在建工程"等科目,贷记"应付利息"科目。

【例题 16·单项选择题】 小企业长期借款利息费用的计提时点是(　　)。

A. 借款合同所约定的应付利息日　　B. 每月末

C. 至少年末　　　　　　　　　　　D. 每季末

【答案】 A

【解析】 小企业长期借款利息费用的计提时点为借款合同所约定的应付利息日。

【例题 17·多项选择题】 小企业应当按照长期借款本金和借款合同规定的利率在应付利息日计提利息费用,可能涉及的会计科目有(　　)。

A. "财务费用"　　　　　　　　　　B. "在建工程"

C. "其他应付款"　　　　　　　　　D. "应付利息"

【答案】 ABD

【解析】 在应付利息日,小企业应当按照借款本金和借款合同利率计提利息费用,借记"财务费用""在建工程"等科目,贷记"应付利息"科目。

八、长期应付款

1. 长期应付款的含义

长期应付款是指小企业除长期借款以外的其他各种长期应付款项,包括应付融资租入固定资产的租赁费、以分期付款方式购入固定资产和无形资产发生的应付款项等。

【例题 18·多项选择题】 下列各项中,属于小企业非流动负债的有(　　)。

A. 应付债券　　　　　　　　　　　B. 应付利息

C. 长期借款　　　　　　　　　　　D. 长期应付款

【答案】 CD

【解析】 小企业不设置"应付债券"科目。

2. 长期应付款的核算

1）应付融资租入固定资产租赁费

小企业融资租入固定资产，应当在租赁开始日，按租赁协议或者合同约定的付款总额以及运输费、途中保险费、安装调试费以及融资租入固定资产竣工决算前或达到预定用途前发生的利息支出和汇兑损失等，借记"固定资产——融资租入固定资产"科目，按租赁协议或者合同确定的付款总额，贷记"长期应付款"科目，按应支付的其他相关税费，贷记"银行存款""应付账款"等科目。按期支付融资租赁费时，借记"长期应付款"科目，贷记"银行存款"科目。租赁期满，如合同规定将固定资产所有权转归承租企业，应当进行转账，将固定资产从"融资租入固定资产"明细科目转入有关明细科目。

【例题19·单项选择题】 小企业融资租入固定资产时，应在租赁期开始日，将租赁协议或者合同约定的（ ），作为租入资产的入账价值。

A. 公允价值　　　　　　　　B. 最低租赁付款额
C. 账面价值　　　　　　　　D. 付款总额和相关税费等

【答案】 D

【解析】 小企业融资租入固定资产，应当在租赁开始日，按租赁协议或者合同约定的付款总额以及运输费、途中保险费、安装调试费以及融资租入固定资产竣工决算前或达到预定用途前发生的利息支出和汇兑损失等作为租入资产的入账价值。

2）分期付款购入固定资产应付款

小企业以分期付款方式购入固定资产，应当按照实际支付的购买价款和相关税费（不包括按照税法规定可抵扣的增值税进项税额），借记"固定资产"或"在建工程"科目，按照税法规定可抵扣的增值税进项税额，借记"应交税费——应交增值税（进项税额）"科目，贷记"长期应付款"科目。

【例题20·多项选择题】 下列各项中，应计入小企业长期应付款的有（ ）。

A. 应付经营租入固定资产的租金
B. 以分期付款方式购入存货发生的应付款
C. 应付融资租入固定资产租赁费
D. 以分期付款方式购入固定资产发生的应付款

【答案】 CD

【解析】 长期应付款，是指小企业除长期借款以外的其他各种长期应付款项，包括应付融资租入固定资产的租赁费、以分期付款方式购入固定资产和无形资产发生的应付款项等。

思考与练习

一、单项选择题

1．小企业支付银行承兑汇票的手续费，借记（　　）科目。
A．"生产成本"　　B．"管理费用"　　C．"销售费用"　　D．"财务费用"

2．应付利息日，应当按照（　　）计算确定短期借款的利息费用。
A．借款合同利率　　　　　　B．实际利率
C．约定利率　　　　　　　　D．浮动利率

3. 商业承兑汇票到期,小企业无力支付票款的,应当贷记(　　)科目。
   A. "应付票据"　　B. "应付账款"　　C. "短期借款"　　D. "预付账款"
4. 我国《小企业会计准则》第四十七条规定,小企业确实无法偿付的应付款项,应当计入(　　)。
   A. 管理费用　　B. 资本公积　　C. 营业外收入　　D. 营业外支出
5. 小企业向购货方预收的款项,应贷记(　　)科目。
   A. "预收账款"　　B. "应收账款"　　C. "应付账款"　　D. "预付账款"
6. 向购货方退回多预收的款项时,应借记(　　)科目。
   A. "预收账款"　　B. "应收账款"　　C. "应付账款"　　D. "预付账款"
7. 管理部门人员的职工薪酬和因解除与职工的劳动关系给予的补偿,应借记(　　)科目。
   A. "销售费用"　　　　　　　　B. "管理费用"
   C. "财务费用"　　　　　　　　D. "营业外支出"
8. 支付工会经费和职工教育经费用于工会活动和职工培训,应借记(　　)科目。
   A. "销售费用"　　　　　　　　B. "管理费用"
   C. "财务费用"　　　　　　　　D. "应付职工薪酬"
9. 若小企业本月销售额未超过起征点的,免征增值税。应借记"应交税费——应交增值税"科目,贷记(　　)科目。
   A. "销售费用"　　　　　　　　B. "管理费用"
   C. "营业外收入"　　　　　　　D. "营业外支出"
10. 用于购建固定资产的长期借款,在所购建的固定资产达到预定可使用状态之前,符合资本化条件的利息费用应记入(　　)科目。
    A. "长期借款"　　　　　　　　B. "在建工程"
    C. "财务费用"　　　　　　　　D. "长期待摊费用"

二、多项选择题

1. 以下属于应付及预收款项的有(　　)。
   A. 短期借款　　　　　　　　　B. 应付票据
   C. 应付账款　　　　　　　　　D. 预收账款
   E. 其他应付款
2. 应交税费是指小企业按照税法等规定计算的应交纳的各种税费,包括(　　)。
   A. 增值税　　　　　　　　　　B. 消费税
   C. 城市维护建设税　　　　　　D. 企业所得税
   E. 个人所得税
3. 关于小规模纳税人,下列说法正确的有(　　)。
   A. 只能开具普通发票　　　　　B. 使用简易办法计税
   C. 增值税征收率为3%
   D. 只需在"应交税费"账户下设置"应交增值税"明细账户
4. 小企业按照税法规定计算的应交税费,借记"税金及附加"的有(　　)。

A. 增值税　　　　　　　　　　B. 城市维护建设税

C. 教育费附加　　　　　　　　D. 房产税

E. 车船税

5. 小企业借款费用停止资本化的时点包括( )。

A. 竣工决算前　　　　　　　　B. 达到预定用途

C. 达到预定可销售状态前　　　D. 达到预定可使用状态

三、判断题

1. 我国《小企业会计准则》规定，小企业的负债按照其流动性，可分为流动负债和非流动负债。( )

2. 短期借款应当按照借款本金和确定的银行借款利率按期计提利息，计入当期损益。( )

3. 预收账款虽然表现为小企业货币资金的增加，但它并不是小企业的收入，其实质是一项负债，要求小企业在短期内以某种商品或提供劳务、服务来补偿。( )

4. 小企业缴纳的印花税、耕地占用税等不需要提前预计应交税费，也通过"应交税费"账户核算。( )

5. 小企业长期借款利息费用的计提时点既不是资产负债表日，也不是实际支付利息日，而是借款合同所约定的应付利息日。( )

四、计算及账务处理题

1. 2×23年7月1日，甲公司从银行贷款100 000元，年利率为6%，期限为6个月，借款合同约定，按季支付利息，到期归还本金。

2. 甲公司为一般纳税人，2×23年7月发生如下业务：

(1) 销售商品一批，开具的增值税专用发票上注明价款300 000元，增值税额39 000元，价税合计339 000元，款项尚未收到。

(2) 将不含增值税价值为20 000元的库存商品发放给职工作为福利，其市场价格为30 000元。

(3) 当月购进商品，取得的增值税专用发票上注明价款320 000元，增值税额41 600元，价税合计361 600元，商品已验收入库，货款尚未支付。

要求：分别编制上述业务的会计分录。

3. 丙公司于2×23年1月1日从银行借入资金1 000 000元，借款期限为2年，年利率7.6%（到期一次还本，按年付息），借款已存入银行。公司于取得借款当日购入不需安装设备一台，价款为860 000元，增值税13%，另支付运杂费、保险费等28 200元，设备已于当日投入使用。

要求：编制丙公司的下列会计分录：

(1) 2×23年1月1日，借入款项时的账务处理。

(2) 购入固定资产的账务处理。

(3) 2×23年12月31日，计提并偿还借款利息的账务处理。

(4) 2×24年12月31日，到期还本付息的账务处理。

第四章 所有者权益

重点、难点讲解及典型例题

一、所有者权益的构成

小企业的所有者权益按其来源,可分为投入资本和留存收益等,如图 4-1 所示。

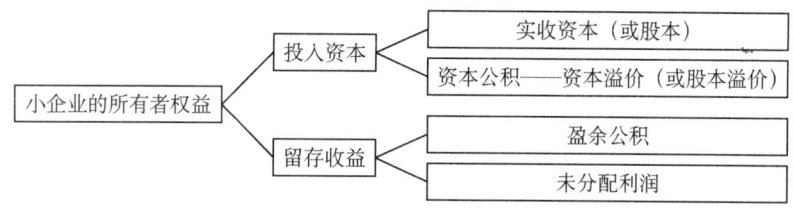

图 4-1 小企业所有者权益按来源分类

【例题1·多项选择题】 所有者权益的来源包括(　　)。
A. 投资者投入企业的资本
B. 投资者投入企业的资本超过注册资本中所占份额的部分
C. 小企业按照法规规定在税后利润中提取的法定公积金和任意公积金
D. 未分配利润
【答案】 ABCD
【解析】 小企业的所有者权益按其来源,可分为投入资本和留存收益等。投入资本既包括构成企业注册资本或者股本部分的金额,即实收资本,也包括投入资本超过注册资本或股本部分的金额,即资本溢价或股本溢价。留存收益包括企业的盈余公积和未分配利润两部分。

二、实收资本与资本公积的核算

实收资本是指投资者按照合同约定或相关规定投入小企业、构成小企业注册资本的部分。资本公积是指小企业收到的投资者出资额超过其在注册资本或股本中所占份额的部分。

投资者以现金方式出资的,应当按照其在小企业注册资本或股本中所占的份额确认实收资本,实际收到或存入小企业开户银行的金额超过实收资本的部分,确定为资本公积。投资者以非货币性资产方式出资的,非货币性资产的金额应当按照评估价值确定。

【例题2·单项选择题】 小企业华夏公司由甲、乙、丙三方出资300万元组建。两年后,为扩大经营规模,经批准,小企业华夏公司的注册资本增加到400万元。经与甲、乙、丙协商,丁投资者愿以银行存款50万元和一项固定资产投资,占小企业华夏公司注册资本的1/4。该固定资产的评估价值为80万元,则小企业华夏公司收到丁投资者投入资本时应编制的会计分录是( )。

A. 借：银行存款　　　　　　　　　　　　　　　　　　　500 000
　　　固定资产　　　　　　　　　　　　　　　　　　　800 000
　　　　贷：实收资本——丁　　　　　　　　　　　　　1 300 000

B. 借：银行存款　　　　　　　　　　　　　　　　　　　500 000
　　　固定资产　　　　　　　　　　　　　　　　　　　800 000
　　　　贷：实收资本——丁　　　　　　　　　　　　　1 000 000
　　　　　　资本公积——资本溢价　　　　　　　　　　　300 000

C. 借：银行存款　　　　　　　　　　　　　　　　　　　500 000
　　　固定资产　　　　　　　　　　　　　　　　　　　800 000
　　　　贷：实收资本——丁　　　　　　　　　　　　　　750 000
　　　　　　资本公积——资本溢价　　　　　　　　　　　550 000

D. 借：银行存款　　　　　　　　　　　　　　　　　　　500 000
　　　固定资产　　　　　　　　　　　　　　　　　　　250 000
　　　　贷：实收资本——丁　　　　　　　　　　　　　　750 000

【答案】 B

【解析】 增资后小企业华夏公司的注册资本为400万元,丁投资者投资占小企业华夏公司注册资本的1/4,所以实收资本的金额为100万元,投资者丁总投资额130万元(银行存款50万元和固定资产评估价值80万元),超过100万元的部分计入资本公积。

三、留存收益的核算

留存收益是指企业从历年实现的利润中提取或留存于企业的内部积累,它来源于企业的生产经营活动所实现的净利润,包括企业的盈余公积和未分配利润两部分。

盈余公积可用于弥补亏损、转增资本、扩大企业生产经营。

【例题3·多项选择题】 下列关于留存收益的说法中,正确的有( )。

A. 留存收益包括资本公积和未分配利润
B. "盈余公积"账户应分别设置"法定盈余公积""任意盈余公积"明细账户进行明细核算
C. 年末"利润分配——盈余公积补亏"明细科目的余额应转入"利润分配——未分配利润"科目
D. 未分配利润是留存在本企业的、历年结存的利润

【答案】 BCD

【解析】 留存收益包括企业的盈余公积和未分配利润两部分。年度终了,将"利润分配"科目所属明细科目(提取法定盈余公积、提取任意盈余公积、盈余公积补亏、应付利润)的余额,转入"未分配利润"明细科目。结转后,"利润分配"科目除"未分配利润"明细科目外,其他明细科目应无余额。

【例题4·单项选择题】 小企业华夏公司年初未分配利润为10万元,盈余公积为4万元。本年净利润为100万元,按10%计提法定盈余公积,按10%计提任意盈余公积。该小

企业期末留存收益的金额为( )万元。

A. 80 B. 94
C. 100 D. 114

【答案】 D

【解析】 留存收益的金额＝14(期初)＋100(本年)＝114(万元)。提取法定盈余公积和任意盈余公积只是留存收益内各项目的变动,但不会引起留存收益总额的变动。相关分录如下：

借：本年利润 1 000 000
　　贷：利润分配——未分配利润 1 000 000

借：利润分配——提取法定盈余公积 100 000
　　　　　　——提取任意盈余公积 100 000
　　贷：盈余公积——法定盈余公积 100 000
　　　　　　　　——任意盈余公积 100 000

借：利润分配——未分配利润 200 000
　　贷：利润分配——提取法定盈余公积 100 000
　　　　　　　　——提取任意盈余公积 100 000

思考与练习

一、单项选择题

1. 小企业收到的投资者出资超过其在注册资本中所占份额的部分,应通过( )科目核算。

　A. "资本公积" B. "盈余公积"
　C. "实收资本" D. "未分配利润"

2. 关于实收资本,下列说法错误的是( )。

　A. 实收资本是指投资者按照合同约定或相关规定投入小企业、构成小企业注册资本的部分
　B. 实收资本一般情况下无须偿还,可以长期周转使用
　C. 小企业根据有关规定增加注册资本,应贷记"实收资本"科目
　D. 小企业收到投资者的出资,按照实际收到的金额,贷记"实收资本"科目

3. 下列项目中,属于小企业资本公积核算内容的是( )。

　A. 资本溢价 B. 直接计入所有者权益的利得
　C. 直接计入所有者权益的损失 D. 小企业收到投资者的出资额

4. 小企业根据有关规定用资本公积转增资,应借记"资本公积"科目,贷记( )科目。

　A. "银行存款" B. "盈余公积"
　C. "实收资本" D. "未分配利润"

5. 小企业经股东大会或类似机构决议,用资本公积转增资时,应冲减( )。

　A. 资本公积(资本溢价或股本溢价) B. 资本公积(其他资本公积)
　C. 盈余公积 D. 未分配利润

6. 下列各项中,不构成小企业留存收益的是( )。
A. 资本公积　　　　　　　　　B. 未分配利润
C. 任意盈余公积　　　　　　　D. 法定盈余公积

二、多项选择题

1. 小企业"利润分配"科目的核算内容包括( )。
A. 企业利润的分配　　　　　　B. 企业亏损的弥补
C. 历年分配后的未分配利润　　D. 历年弥补后的未弥补亏损

2. 下列关于小企业资本公积的说法中,正确的有( )。
A. 资本公积由全体股东享有,其形成有其特定的来源,与小企业的净利润无关
B. 小企业资本公积的内容主要包括资本溢价(或股本溢价)和其他资本公积
C. 小企业的资本公积可以用于弥补亏损
D. 资本公积是指小企业收到的投资者出资额超过其在注册资本或股本中所占份额的部分

3. 下列各项中,不会引起所有者权益总额发生变动有( )。
A. 用盈余公积转增资本　　　　B. 股东大会宣告分配利润
C. 提取任意盈余公积　　　　　D. 接受投资者投入资本

4. 下列关于盈余公积的会计处理中,正确的有( )。
A. 小企业按照规定提取的法定公积金时:

借:利润分配——提取法定盈余公积
　　贷:盈余公积——法定盈余公积

B. 小企业用盈余公积弥补亏损时:

借:盈余公积
　　贷:利润分配——盈余公积补亏

C. 小企业用盈余公积转增资本时:

借:盈余公积
　　贷:实收资本

D. 小企业(外商投资)按照规定提取储备基金时:

借:利润分配——提取储备基金
　　贷:盈余公积——储备基金

5. 小企业接受投资者投资时,可能发生变化的会计账户有( )。
A. 资本公积　　B. 盈余公积　　C. 实收资本　　D. 利润分配

三、判断题

1. 小企业的所有者权益按其来源,可分为投入资本、留存收益和直接计入所有者权益的利得和损失等。　　　　　　　　　　　　　　　　　　　　　　　　( )

2. 小企业根据有关规定用资本公积转增资，无需作账务处理。　　　（　）
3. 小企业盈余公积不得用于弥补亏损。　　　　　　　　　　　　（　）
4. 小企业用盈余公积或资本公积转增资本，均不影响所有者权益总额的变化。（　）
5. 年末，小企业的"利润分配"科目除"未分配利润"明细科目外，其他明细科目应无余额。　　　　　　　　　　　　　　　　　　　　　　　　　　　　（　）

四、计算及账务处理题

1. 甲小企业 2×23 年 1 月 1 日由 A、B 两个投资者各出资 100 000 元成立。同年 11 月 30 日，"资本公积——资本溢价"科目贷方余额为 4 000 元。同年 12 月 1 日，A、B 两个投资者决定吸收 C、D 两位新投资者加入甲小企业。经有关部门批准后，甲小企业将注册资本增加到 400 000 元。四方经协调，一致同意，完成投入后，各占甲小企业 1/4 的股份。各投资者的出资情况如下：

投资者 C 以 120 000 元投入甲小企业，同年 12 月 10 日收到款项并存入银行；

投资者 D 以一项无形资产投入甲小企业，该无形资产的评估价值为 130 000 元。

要求：

(1) 编制甲小企业同年 12 月份上述相关的会计分录；

(2) 计算资本公积的期末余额。

2. 甲小企业 2×23 年年末发生如下经济业务：

(1) 按照税后利润的 10% 提取法定盈余公积 10 000 元，提取任意盈余公积 10 000 元；

(2) 经股东大会决议，将法定盈余公积 50 000 元转增资本；

(3) 宣告向投资者分配利润 60 000 元。

要求：

(1) 编制甲小企业提取盈余公积的会计分录；

(2) 编制甲小企业将法定盈余公积转增资本的会计分录；

(3) 编制甲小企业宣告向投资者分配利润会计分录；

(4) 编制甲小企业期末结转"利润分配"科目所属明细科目的会计分录。

第五章 收 入

重点、难点讲解及典型例题

一、销售商品收入

1. 销售商品收入的确认

商品包括企业为销售而生产的产品和为转售而购进的商品,如工业企业生产的产品、商业企业购进的商品等。企业销售的其他存货,如原材料、包装物等,也视同企业的商品。通常来说,小企业应当在发出商品且收到货款或取得收取货款权利时,确认销售商品收入。不同销售和结算方式下收入确认时点如表5-1所示。

表5-1 不同销售和结算方式下收入确认时点

类型	收入确认时点
通常情况	在发出商品且收到货款或取得收款权利时
现金、支票、汇兑、信用证等	发出商品时
托收承付	办妥托收手续
预售货款	发出商品时
分期收款	合同约定的收款日
需要安装检验的销售	购买方接收商品以及安装和检验完毕时
	安装简单的,发出商品时
支付手续费委托代销	收到代销单
以旧换新	新:作为商品销售;旧:作为购进商品
以产品分成方式	分得产品之日按产品的市场价格或评估价值
附有销售退回条件	不能合理估计:退货期满时

【例题1·单项选择题】 小企业在发出商品时即可确认收入的销售方式是( )。

A. 支付手续费方式委托代销商品　　B. 分期收款销售
C. 交款提货　　　　　　　　　　　D. 托收承付

【答案】 C

【解析】 采用现金、支票、汇兑、信用证等方式销售商品,由于不存在承付问题,因此在商品办完发出手续时(即发出商品时)确认收入实现。在这种销售方式下,发出商品时收入确认的标志。

2. 销售商品收入的计量和会计处理

(1)一般销售业务的核算。一般销售业务主要是小企业经常发生的销售业务,如采用现金、支票、汇兑、信用证等方式销售商品,由于不存在承付问题,在商品办完发出手续时(即发出商品时)即可确认收入实现。该过程应按照《小企业会计准则》规定的时点确认收入,并结转成本。

(2) 特殊业务的核算。特殊商品销售业务的核算如图 5-1 所示。

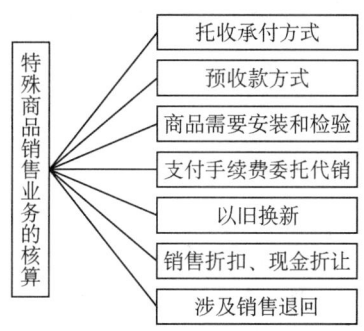

图 5-1 特殊商品销售业务的核算

【例题 2·多项选择题】 下列各项中,影响小企业销售商品收入金额的有(　　)。
A. 从购货方应收的合同或协议价款　　B. 现金折扣
C. 商业折扣　　D. 代购货方垫付的运杂费
【答案】 AC
【解析】 销售商品涉及现金折扣的,应当按照扣除现金折扣前的金额确定销售商品收入金额,即按总价法确认收入。现金折扣应当在实际发生时计入当期损益。销售商品涉及商业折扣的,应当按照扣除商业折扣后的金额确定销售商品收入金额。

二、提供劳务收入

1. 劳务收入的确认

同一会计年度内开始并完成的劳务,应当在提供劳务交易完成且收到款项或取得收款权利时,确认提供劳务收入。提供劳务收入的金额为从接受劳务方已收货应收的合同或协议价款。

(1) 在同一会计期间内开始并完成的劳务收入的确认。提供劳务收入的金额与销售商品收入的计量完全相同,即提供劳务收入的金额为从接受劳务方已收或应收的合同或协议价款。

(2) 劳务的开始和完成分属不同会计期间的劳务收入的确认。劳务的开始和完成分属不同会计期间的,应当按照完工进度确认提供劳务收入。

2. 提供劳务收入的计量和会计处理

(1) 在同一会计期间内开始并完成的劳务收入的计量和会计处理。

(2) 劳务的开始和完成分属不同会计期间的劳务收入的计量和会计处理。

已经提供的劳务占应提供劳务总量的比例。这种方法主要以劳务量为标准确定劳务的完成程度。公式如下:

$$劳务完成进度 = 已经完成的劳务工作量 \div 劳务预计总工作量 \times 100\%$$
$$本期确认的收入 = 劳务总收入 \times 本期期末劳务的完工进度 - 以前期间确认的收入$$
$$本期确认的费用 = 劳务估计总成本 \times 本期期末劳务的完工进度 - 以前期间确认的费用$$

3. 同时销售商品和提供劳务收入

小企业与其他企业签订的合同或协议包含销售商品和提供劳务时,销售商品部分和提供劳务部分能够区分且能够单独计量的,应当将销售商品的部分作为销售商品处理,将提供劳务的部分作为提供劳务处理。

销售商品部分和提供劳务部分不能够区分的,或虽能区分但不能够单独计量的,应当作为销售商品处理。

 思考与练习

一、单项选择题

1. 下列有关小企业收入的表述中,正确的是( )。
   A. 小企业向银行借入款项,增加了库存现金或银行存款,因而增加了收入
   B. 小企业取得收入导致所有者权益的增加,是指收入扣除相关成本费用后的净额增加所有者权益
   C. 小企业取得收入一定能增加所有者权益,但不会增加实收资本
   D. 小企业销售产品时代税务机关向客户收取的增值税附加收入

2. 小企业应当按照( )确定销售商品收入金额。
   A. 从购买方已收或应收的合同或协议价款
   B. 合同或协议价款的现值
   C. 公允价值
   D. 全部价款和价外费用

3. 根据收入的确认标准,小企业在发出商品时即确认收入的销售方式是( )。
   A. 支付手续费方式委托代销商品
   B. 分期收款销售
   C. 交款提货
   D. 托收承付

4. 下列项目中,按照《小企业会计准则》的规定,销售企业应当作为财务费用处理的是( )。
   A. 销售方发生的现金折扣
   B. 销售方发生的商业折扣
   C. 销售方发生的销售折让
   D. 销售方发生的销售退回

5. 销售商品涉及商业折扣时,以下各项说法不正确的是( )。
   A.《小企业会计准则》规定,按照扣除商业折扣后的金额确定销售商品收入金额
   B. 企业所得税法规定,按照扣除商业折扣后的金额确定销售商品收入金额
   C. 增值税法规定,销售额和折扣额在同一张发票上的"金额"栏或"备注"栏分别注明的,可按折扣后的销售额征收增值税
   D. 增值税法规定,销售额和折扣额在同一张发票上的"金额"栏分别注明的,可按折扣后的销售额征收增值税

6. 按《小企业会计准则》规定,关于销售折让、商业折扣和现金折扣,下列理解不正确的是( )。
   A. 小企业已经确认销售商品收入的售出商品发生的销售折让,应作为财务费用处理
   B. 销售商品涉及商业折扣的,应当按照扣除商业折扣后的金额确定销售商品收入金额
   C. 销售商品涉及现金折扣的,应当按照未扣除现金折扣前的金额确定销售商品收入金额,现金折扣在实际发生时计入当期损益

D. 享受的现金折扣应冲减当期财务费用

7. 工业小企业结转销售原材料的实际成本,应记入( )科目。
   A. "主营业务成本" B. "销售费用"
   C. "其他业务成本" D. "营业外支出"

8. 以下不属于《小企业会计准则》所规范的收入的是( )。
   A. 销售商品收入 B. 提供劳务收入
   C. 出租固定资产取得的租金收入 D. 出租包装物取得的收入

9. 以下可以确认为小企业收入的是( )。
   A. 小企业代收代缴的个人所得税 B. 软件开发小企业为客户开发软件
   C. 旅行社代客户购买门票 D. 旅行社代客户购买飞机票

10. 下列选项中,影响小企业销售商品收入金额的是( )。
    A. 从购货方应收的合同或协议价款 B. 现金折扣
    C. 小企业代收代缴的个人所得税 D. 代购货方垫付的运费

二、多项选择题

1. 下列各项中,属于《小企业会计准则》所界定的收入的有( )。
   A. 销售商品收入 B. 提供劳务收入
   C. 让渡资产使用权收入 D. 营业外收入

2. 下列各项中,符合小企业收入定义的有( )。
   A. 收入是企业在日常活动中形成的经济利益的总流入
   B. 收入会导致企业所有者权益的增加
   C. 收入形成的经济利益总流入的形式多种多样,既可能表现为资产的增加,也可能表现为负债的减少
   D. 收入与所有者投入资本有关

3. 下列各项中,影响小企业销售商品收入金额的有( )。
   A. 从购货方应收的合同或协议价款 B. 现金折扣
   C. 商业折扣 D. 代垫购货方的运杂费

4. 下列各项中,属于"其他业务收入"科目核算内容的有( )。
   A. 出租固定资产取得的收入 B. 出租无形资产取得的收入
   C. 出租包装物取得的收入 D. 销售材料取得的收入

5. 下列有关小企业提供劳务收入确认的表述中,不正确的有( )。
   A. 同一会计年度内开始并完成的劳务,应当在提供劳务交易完成且收到款项或取得收款权利时,确认提供劳务收入
   B. 劳务的开始和完成分属不同会计年度的,应当按照完工进度确认提供劳务收入
   C. 在资产负债表日提供劳务交易结果不能够可靠估计的,已经发生的劳务成本预计能够得到补偿的,按照已经发生的劳务成本金额确认提供劳务收入
   D. 在资产负债表日提供劳务交易结果不能够可靠估计的,已经发生的劳务成本预计不能够得到补偿的,不确认提供劳务收入

三、判断题

1. 发生在销售确认之前的销售折让,其处理方式相当于商业折扣,只要按扣除销售折让后的金额确认收入即可。（ ）

2. 小企业已经确认商品收入的售出商品发生的销售退回,不论此销售业务属于当期还是以前会计期间,均应当在发生时冲减退回当期销售商品收入。（ ）

3. 通常,小企业应当在发出商品且收到货款或取得收款权利时,确认销售商品收入。这里所讲的发出商品是指所售商品已离开企业。（ ）

4. 销售需要安装的商品,只能在安装和检验完毕后确认收入。（ ）

5. 小企业提供劳务取得的收入,均应通过"其他业务收入"科目核算。（ ）

四、业务题

小企业青城公司为增值税一般纳税人,增值税税率为13%,商品销售价格不含增值税,假定不考虑其他税费影响。2×23年12月发生如下业务,请编制相应会计分录:

1. 12月1日,小企业青城公司销售甲产品100件,增值税发票上注明价款100 000元,增值税额为13 000元。青城公司为了尽早收回货款,在合同中约定的现金折扣为"2/10,1/20,n/30",假设计算现金折扣销售时不考虑增值税额,请编制以下会计分录:

（1）12月1日销售商品。

（2）结算货款:①如12月8日付清货款;②如12月18日付清货款;③如12月28日付清货款。

2. 12月19日,小企业青城公司赊销一批商品,增值税专用发票上注明的售价是10 000元,增值税额1 300元。12月20日买房发现商品质量不合格,要求在价格上给予10%的折让。12月21日青城公司收到货款,请编制相关会计分录。

第六章　费　用

重点、难点讲解及典型例题

一、营业成本

营业成本,是指小企业所销售商品的成本和所提供劳务的成本,也指小企业在生产经营活动中发生的销售成本、销货成本、业务支出以及其他耗费。

营业成本又分为主营业务成本和其他业务成本,它们是与主营业务收入和其他业务收入相对应的一组概念。小企业在确认销售商品收入、提供劳务收入时,将已销售商品、已提供劳务的成本计入当期损益。营业成本应当与所销售商品或者所提供劳务而取得的收入进行配比。

二、主营业务成本

1. 主要内容

"主营业务成本"科目核算小企业销售商品、提供劳务等经常性活动所发生的成本。小企业一般在销售商品、提供劳务等主营业务收入确认的同时或月末,将已销售商品、已提供劳务的成本转入"主营业务成本"。

2. 账务处理

(1) 月末,小企业应根据本月销售各种商品、提供各种劳务等的实际成本,计算应结转的主营业务成本,借记"主营业务成本"科目,贷记"库存商品""劳务成本""工程施工"等科目。

采用计划成本或售价核算库存商品的小企业,其平时的营业成本按计划成本或售价结转,月末还应结转本月销售商品应分摊的产品成本差异或商品进销差价。

(2) 小企业本月发生的销售退回,一般可以直接从本月的销售商品数量中减去,得出本月销售的净数量,然后计算出应结转的主营业务成本;也可以单独计算本月销售退回商品的成本,借记"库存商品"等科目,贷记"主营业务成本"科目。

(3) 期末,应将"主营业务成本"科目的余额转入"本年利润"科目,结转后"主营业务成本"科目应无余额。

【例题1·单项选择题】　商业小企业结转销售库存商品的实际成本,应记入(　　)科目。

A. "主营业务成本"　　　　　　　B. "销售费用"
C. "其他业务成本"　　　　　　　D. "营业外支出"

【答案】　A

【解析】　"主营业务成本"科目核算小企业销售商品、提供劳务等经常性活动所发生的成本。

三、其他业务成本

1. 主要内容

"其他业务成本"科目核算企业确认的除主营业务活动以外的其他经营活动所发生的支出,包括销售材料的成本、出租固定资产的折旧额、出租无形资产的摊销额、出租包装物的成本或摊销额等。

2. 账务处理

(1) 企业发生的其他业务成本,借记"其他业务成本"科目,贷记"原材料""周转材料""累计折旧""累计摊销""应付职工薪酬""银行存款"等科目。

(2) 期末,应将"其他业务成本"科目的余额转入"本年利润"科目,结转后"其他业务成本"科目应无余额。

【例题2·单项选择题】 工业小企业结转销售原材料实际成本,应记入( )科目。

A. "主营业务成本" B. "销售费用"
C. "其他业务成本" D. "营业外支出"

【答案】 C

【解析】 销售材料的成本属于除主营业务活动以外的其他经营活动所发生的支出,因此应记入"其他业务成本"科目。

【例题3·账务处理题】 甲企业是一家小企业,于2×23年9月10日向丙企业销售了一批原材料,开具的增值税专用发票上注明售价是200 000元,增值税税额是26 000元,款项已经由银行收妥;该批材料的成本为120 000元。甲企业的账务处理如下:

借:银行存款   226 000
  贷:其他业务收入   200 000
    应交税费——应交增值税(销项税额)   26 000

借:其他业务成本   300 000
  贷:原材料   300 000

不考虑其他因素,甲企业在期末结转损益时:

借:本年利润   120 000
  贷:其他业务成本   120 000

借:其他业务收入   200 000
  贷:本年利润   200 000

四、税金及附加

1. 主要内容

"税金及附加"科目核算小企业开展日常生产经营活动应负担的消费税、城市维护建设税、资源税、土地增值税、城镇土地使用税、房产税、车船税、印花税、教育费附加、环境保护税等。与最终确认营业外收入或营业外支出相关的税费,在"固定资产清理""无形资产"等科目核算,不在该科目核算。

2. 账务处理

(1) 小企业按照规定计算确定的与其日常生产经营活动相关的税费,借记"税金及附加"科目,贷记"应交税费"等科目。

(2) 期末,应将"税金及附加"科目余额转入"本年利润"科目,结转后"税金及附加"科目应无余额。

【例题 4·单项选择题】 下列项目中,不在"税金及附加"科目核算的是( )。

A. 小企业销售应税消费品应缴纳的消费税

B. 房地产开发小企业销售房地产应缴纳的土地增值税

C. 销售不动产应缴纳的增值税

D. 教育费附加

【答案】 C

【解析】 "税金及附加"科目核算小企业开展日常生产经营活动应负担的消费税、城市维护建设税、资源税、土地增值税、城镇土地使用税、房产税、车船税、印花税、教育费附加、环境保护税等,不包括增值税。

【例题 5·多项选择题】 下列在小企业"税金及附加"科目核算的有( )。

A. 资源税　　　　　　　　　B. 房产税

C. 印花税　　　　　　　　　D. 环境保护税

【答案】 ABCD

【解析】 "税金及附加"科目核算小企业开展日常生产经营活动应负担的消费税、城市维护建设税、资源税、土地增值税、城镇土地使用税、房产税、车船税、印花税、教育费附加、环境保护税等。

【例题 6·账务处理题】 甲小企业当月按规定计算确定的应交房产税为 3 100 元。会计分录如下:

借:税金及附加　　　　　　　　　　　　　　　　　　　　　　　　　3 100
　　贷:应交税费——应交房产税　　　　　　　　　　　　　　　　　　3 100

五、期间费用

期间费用是指企业日常活动发生的不能计入特定核算对象的成本,而应计入发生当期损益的费用,包括销售费用、管理费用和财务费用等。

期间费用是不能直接归属于某个特定产品成本的费用。它是随着时间推移而发生的与当期产品的管理和产品销售直接相关,而与产品的产量、产品的制造过程无直接关系的费用。期间费用容易确定其发生的期间,却难以判别其所应归属的产品,因而不能列入产品制造成本,而是在发生的当期损益中扣除。

【例题 7·单项选择题】 小企业期间费用不包括( )。

A. 销售费用　　　B. 制造费用　　　C. 管理费用　　　D. 财务费用

【答案】 B

【解析】 期间费用是指企业日常活动发生的不能计入特定核算对象的成本,而应计入发生当期损益的费用,包括销售费用、管理费用和财务费用等,不包括制造费用。

【例题 8·单项选择题】 某小企业 2×23 年 3 月份发生的费用有：计提车间用固定资产折旧 30 万元，发生车间管理人员工资 40 万元，支付广告费 30 万元，预提短期借款利息 10 万元，支付劳动保险费 20 万元。则该小企业当期的期间费用总额为（　　）万元。

A. 90　　　　　B. 80　　　　　C. 70　　　　　D. 60

【答案】 D

【解析】 期间费用，是指企业日常活动发生的不能计入特定核算对象的成本，而应计入发生当期损益的费用，包括销售费用、管理费用和财务费用等，不包括制造费用，计提车间用固定资产折旧、发生车间管理人员工资都应计入制造费用。

六、销售费用

1. 主要内容

销售费用是指小企业在销售商品或提供劳务过程中发生的各种费用，包括：销售人员的职工薪酬、商品维修费、运输费、装卸费、包装费、保险费、广告费、业务宣传费、展览费等费用。小企业（批发业、零售业）在购买商品过程中发生的费用（包括：运输费、装卸费、包装费、保险费、运输途中的合理损耗和入库前的挑选整理费等）也构成销售费用。

2. 账务处理

（1）小企业在销售商品过程中发生包装费、保险费、展览费和广告费、运输费、装卸费等费用，借记"销售费用"科目，贷记"库存现金""银行存款"等科目。

（2）小企业发生为销售本企业商品而专设的销售机构的职工薪酬、业务费等经营费用，借记"销售费用"科目，贷记"应付职工薪酬""银行存款""累计折旧"等科目。

（3）期末，应将"销售费用"科目余额转入"本年利润"科目，结转后"销售费用"科目无余额。

【例题 9·单项选择题】 下列项目中，不属于小企业销售费用的是（　　）。

A. 购买商品过程中发生的运输途中合理损耗

B. 在销售中发生的销售佣金

C. 销售部门的差旅费

D. 销售部门的业务招待费

【答案】 D

【解析】 销售部门的业务招待费应该计入管理费用。

【例题 10·账务处理题】 12 月份，乙小企业报销发生的销售费用，其中：应付销售人员薪酬 1 140 元，用银行存款支付广告费 6 000 元。乙小企业编制会计分录如下：

借：销售费用　　　　　　　　　　　　　　　　　　　　　　　　7 140

　　贷：应付职工薪酬　　　　　　　　　　　　　　　　　　　　　　1 140

　　　　银行存款　　　　　　　　　　　　　　　　　　　　　　　　6 000

七、管理费用

1. 主要内容

《小企业会计准则》规定，管理费用指小企业为组织和管理生产经营发生的其他费用，包括:小企业在筹建期间内发生的开办费、行政管理部门发生的费用(如固定资产折旧费、修理费、办公费、水电费、差旅费、管理人员的职工薪酬等)、业务招待费、研究费用、技术转让费、相关长期待摊费用摊销、财产保险费、聘请中介机构费、咨询费(含顾问费)、诉讼费等费用。

需要特别说明的是,管理费用不多的小企业,可不设置"管理费用"科目,该科目的核算内容可并入"销售费用"科目核算。

2. 账务处理

(1) 小企业在筹建期间内发生开办费,包括人员薪酬、办公费、培训费、差旅费、印刷费、注册登记费以及不计入固定资产成本的借款费用等在实际发生时,借记"管理费用"科目,贷记"银行存款"等科目。

(2) 对于行政管理部门人员的职工薪酬及其他职工薪酬(包括因解除与职工的劳动关系给予的补偿),借记"管理费用"科目,贷记"应付职工薪酬"科目。行政管理部门计提的固定资产折旧和发生的修理费,借记"管理费用"科目,贷记"累计折旧""银行存款"等科目。

(3) 对于发生的办公费、水电费、业务招待费、聘请中介机构费、咨询费、诉讼费、技术转让费等,借记"管理费用"科目,贷记"银行存款"等科目。

(4) 小企业自行研发无形资产发生的研究费用的费用化部分,借记"管理费用"科目,贷记"研发支出"科目。

(5) 期末,应将"管理费用"科目的余额转入"本年利润"科目,结转后"管理费用"科目无余额。

【例题11·单项选择题】 小企业超过企业所得税税前扣除标准的业务款待费,应当记入( )科目。

A."管理费用"　　　B."财务费用"　　　C."销售费用"　　　D."其他业务成本"

【答案】 A

【解析】 进行会计核算时,小企业发生的业务款待费应在管理费用中据实列支。

【例题12·账务处理题】 某小企业在筹建期间发生办公费、差旅费等开办费25 000元,均用银行存款支付。假设其采用《小企业会计准则》核算,其会计处理如下:

借:管理费用　　　　　　　　　　　　　　　　　　　　　　　　　　25 000
　　贷:银行存款　　　　　　　　　　　　　　　　　　　　　　　　　　25 000

【例题13·账务处理题】 某小企业当月生产车间发生设备大修理费用45 000元(以银行存款支付),行政管理部门发生设备日常修理费用1 000元(以现金支付),均不满足固定资产确认条件。其会计处理如下:

借:管理费用　　　　　　　　　　　　　　　　　　　　　　　　　　1 000
　　制造费用　　　　　　　　　　　　　　　　　　　　　　　　　　45 000
　　贷:银行存款　　　　　　　　　　　　　　　　　　　　　　　　　　45 000
　　　　库存现金　　　　　　　　　　　　　　　　　　　　　　　　　　1 000

八、财务费用

1. 主要内容

《小企业会计准则》规定,财务费用指小企业为筹集生产经营所需资金发生的筹资费用,包括:利息费用(减利息收入)、汇兑损失、银行相关手续费、小企业给予的现金折扣(减享受的现金折扣)等费用。但在小企业筹建期间发生的利息支出,应计入开办费;为购建或生产满足资本化条件的资产发生的应予以资本化的借款费用,在"在建工程""制造费用"等科目核算。

2. 账务处理

(1)小企业发生的利息费用、汇兑损失、银行相关手续费、给予的现金折扣等,借记"财务费用"科目,贷记"应付利息""银行存款"等科目。

(2)持未到期的商业汇票向银行贴现,应当按照实际收到的金额(即减去贴现息后的净额),借记"银行存款"科目;按照贴现息,借记"财务费用"科目;按照商业汇票的票面金额,贷记"应收票据"科目(银行无追索权的情况下)或"短期借款"科目(银行有追索权的情况下)。

(3)发生应冲减财务费用的利息收入、享受的现金折扣等,借记"银行存款"等科目,贷记"财务费用"科目。

(4)期末,应将"财务费用"科目余额转入"本年利润"科目,结转后"财务费用"科目无余额。

【例题14·单项选择题】 以下项目中,不属于"财务费用"科目核算内容的是( )。

A. 小企业经过1年期以上的制造才能达到预定可销售状态的存货发生的借款费用
B. 汇兑缺失
C. 银行相关手续费
D. 小企业赐予的现金折扣

【答案】 A

【解析】 "财务费用"科目核算小企业为筹集生产经营所需资金发生的筹资费用,包括:利息费用(减利息收入)、汇兑缺失、银行相关手续费、小企业给予的现金折扣(减享受的现金折扣)等费用;小企业为购建固定资产、无形资产和经过1年期以上的制造才能达到预定可销售状态的存货发生的借款费用,在"在建工程""研发支出""制造费用"等科目核算,不在"财务费用"科目核算。

【例题15·账务处理题】 甲小企业于2×23年1月1日向银行借入生产经营用短期借款300 000元,期限6个月,年利率5%,该借款本金到期后一次性归还,利息分月预提,按季支付。假定1月份其中100 000元暂时作为闲置资金存入银行,并获得利息收入350元。假定所有利息均不符合利息资本化条件。会计处理如下:

1月末,预提当月应计利息:

$300\,000 \times 5\% \div 12 = 1\,250$(元)

借:财务费用　　　　　　　　　　　　　　　　　　　　　　　　1 250
　　贷:应付利息　　　　　　　　　　　　　　　　　　　　　　　　　1 250

同时,当月取得的利息收入350元应作冲减财务费用处理:

借:银行存款　　　　　　　　　　　　　　　　　　　　　　　　　350
　　贷:财务费用　　　　　　　　　　　　　　　　　　　　　　　　　　350

九、《小企业会计准则》与《企业会计准则》的比较

1. 税金及附加和管理费用核算的差异

《小企业会计准则》将房产税、车船税、城镇土地使用税、印花税、矿产资源补偿费、排污

费列入"税金及附加"科目核算;而《企业会计准则》将上述费用在"管理费用"科目中核算。

《小企业会计准则》规定,为生产服务的固定资产在使用过程中发生的日常修理费记入"制造费用"科目,而《企业会计准则》规定小企业可通过"管理费用"科目核算。

2. 财务费用核算的差异

1) 利息支出或利息收入计算标准不同

对于利息支出或利息收入,《小企业会计准则》通过票面金额和票面利率计算;而《企业会计准则》则通过实际利率和摊余成本计算。

2) 汇兑收益列入会计科目不同

《小企业会计准则》规定汇兑收益列入"营业外收入"科目核算,不记入"财务费用"科目;而《企业会计准则》规定汇兑收益列入"财务费用"科目核算。但两个准则都规定汇兑损失计入财务费用科目核算。

3) 借款费用资本化的条件和范围不同

《小企业会计准则》规定,小企业为构建固定资产在竣工决算前发生的借款费用,应当计入固定资产的成本,而不计入财务费用。《企业会计准则》规定,符合资本化条件的资产发生在资本化期间的有关借款费用应该资本化,资本化金额的计算需要区分一般借款和专门借款。

3. 销售费用核算的差异

《小企业会计准则》规定,小企业(批发业、零售业)在购买商品过程中发生的相关费用属于销售费用,如运输费、装卸费、包装费、保险费、运输途中的合理损耗及入库前整理挑选费用;而《企业会计准则》规定上述费用计入存货成本中,不计入销售费用。

 思考与练习

一、单项选择题

1. 以下项目中,符合小企业费用定义的是(   )。
   A. 用银行存款偿还应付账款   B. 向所有者分配利润
   C. 生产耗用材料   D. 处置固定资产发生的缺失

2. 以下项目中,不属于小企业费用的是(   )。
   A. 小型饭店在菜市场购买蔬菜实际花费的金额
   B. 小企业收到的电话收费单据上列明的使用电话应支付的电话费
   C. 小企业自制工资发放表列明的工资薪金
   D. 小企业业主到超市为自己购买日常用品实际花费的金额

3. 以下各项中,不属于费用的是(   )。
   A. 主营业务成本   B. 销售费用
   C. 财务费用   D. 营业外支出

4. 小企业发生的不能直接归属于某个特定产品的生产成本的费用,归属于期间费用,在发生时直接计入当期损益,期间费用不包括(   )。
   A. 销售费用   B. 制造费用
   C. 管理费用   D. 财务费用

5. 以下各项中,属于工业小企业产品成本项目的是( )。
   A. 销售费用   B. 制造费用
   C. 工资费用   D. 折旧费用

6. 以下各项中,不计入产品成本的费用是( )。
   A. 直接材料费用   B. 车间管理人员工资
   C. 车间厂房折旧费   D. 厂部办公楼折旧费

7. 某小企业 2×23 年 3 月份发生的费用有:计提车间用固定资产折旧 30 万元,发生车间管理人员工资 40 万元,支付广告费 30 万元,预提短期借款利息 10 万元,支付劳动保险费 20 万元;该小企业当期的期间费用总额为( )万元。
   A. 90   B. 80   C. 70   D. 60

8. 以下项目中,不在"税金及附加"科目核算的是( )。
   A. 小企业销售应税消费品应缴纳的消费税
   B. 房地产开发经营小企业销售房地产应缴纳的土地增值税
   C. 销售不动产应缴纳的增值税
   D. 教育费附加

9. 小企业销售人员的工资应记入( )科目。
   A. "管理费用"   B. "销售费用"
   C. "主营业务成本"   D. "其他业务成本"

10. 以下项目中,不属于销售费用的是( )。
    A. 小企业在购买商品过程中发生的运输途中合理损耗
    B. 小企业在实务中发生的销售佣金
    C. 小企业销售部门的差旅费
    D. 小企业销售部门的业务招待费

11. 以下项目中,不属于"财务费用"科目核算内容的是( )。
    A. 小企业经过 1 年期以上的制造才能达到预定可销售状态的存货发生的借款费用
    B. 汇兑缺失
    C. 银行相关手续费
    D. 小企业赐予的现金折扣

12. 小企业超过企业所得税税前扣除标准的业务款待费,应当记入( )科目。
    A. "管理费用"   B. "财务费用"
    C. "销售费用"   D. "其他业务成本"

13. 小企业发生的利息费用、汇兑损失、银行相关手续费、给予的现金折扣等,借记( )科目,贷记"应付利息""银行存款"等科目。
    A. "管理费用"   B. "财务费用"
    C. "销售费用"   D. "其他业务成本"

14. 甲企业是一家小企业,于 2×23 年 9 月 10 日向丙企业销售了一批原材料,开具的增值税专用发票上注明售价是 200 000 元,增值税税额是 26 000 元,款项已经由银行收妥;该批材料的成本为 120 000 元。甲企业应该确认的其他业务成本是( )元。
    A. 120 000   B. 200 000   C. 226 000   D. 146 000

15. 某小企业 2×23 年度取得主营业务收入 400 万元,出租包装物租金收入 6 万元,接受捐赠收入 4 万元,政府补贴 10 万元,出租无形资产收入 30 万元,当年实际发生业务款待费 5 万元;就该小企业当年记入"管理费用"科目的业务款待费与可在税前扣除的业务款待费金额分别为( )万元。
   A. 5;5   B. 5;3   C. 5;2.15   D. 2.15;2.15

二、多项选择题

1. 以下项目中,应确认为费用的有( )。
   A. 因违约支付罚款   B. 因借款支付银行借款利息
   C. 对外捐赠   D. 支付水电费

2. 《小企业会计准则》依据费用的功能对小企业的费用进行了分类,详细分为( )等。
   A. 生产成本   B. 营业成本
   C. 税金及附加   D. 期间费用

3. 小企业的费用应当在发生时计入当期损益,这里所讲的发生包括( )。
   A. 实际支付相关费用
   B. 虽然没有实际支付,但是小企业应当承担相应义务
   C. 虽然没有实际支付,但是小企业为与收入相配比,结转已销售的商品成本或已供应劳务的成本
   D. 小企业预备将来购买材料,支付相关费用

4. 对于工业小企业而言,一般应设置( )等成本项目。
   A. 直接材料   B. 直接人工
   C. 制造费用   D. 期间费用

5. 以下各项目中,不应计入产品成本的有( )。
   A. 技术转让费   B. 行政管理部门设备折旧费
   C. 行政管理人员工资   D. 生产车间管理人员的工资

6. 以下项目中,在"税金及附加"科目核算的有( )。
   A. 资源税   B. 房产税
   C. 印花税   D. 教育费附加

7. 以下项目中,属于管理费用的有( )。
   A. 小企业在筹建期间内发生的开办费   B. 业务款待费
   C. 相关长期待摊费用摊销   D. 聘请中介机构费

8. 以下项目中,在"财务费用"科目核算的有( )。
   A. 利息费用   B. 利息收入
   C. 汇兑缺失   D. 小企业享受的现金折扣

9. 以下费用中,应当作为销售费用核算,但按《中华人民共和国企业所得税法》规定不得扣除或按规定的标准和限额在税前扣除的有( )。
   A. 零售业小企业在购买商品过程中发生的费用保险费
   B. 企业在销售过程中发生的手续费
   C. 广告费和业务宣传费

D. 展览费

10. 以下各项中,需要调整增加小企业应纳税所得额的项目有(   )。

A. 已计入投资收益的国库券利息收入

B. 超过税法规定扣除标准,但已计入当期费用的工资支出

C. 支付并已计入当期损失的各种税收滞纳金

D. 超标的业务款待费支出

三、判断题

1. 小企业的费用应当在支付时依据实际支付额计入当期损益。   (   )
2. 管理费用和制造费用都是本期发生的费用,期末均应直接计入当期损益。   (   )
3. 小企业销售商品收入和供应劳务收入已予确认的,应当将已销售商品和已供应劳务的成本作为营业成本结转至当期损益。   (   )
4. 《企业所得税法》所规定的税金,在范畴和内涵上对应于《中小企业会计准则》所规定的税金及附加。其关系可以用公式表示为:《小企业会计准则》所规定的税金及附加＝企业所得税法所规定的税金。   (   )
5. 小企业向税务机关缴纳的税收滞纳金及罚款应在"税金及附加"科目核算。   (   )
6. 小企业(批发业、零售业)在购买商品过程中发生的费用(包括:运输费、装卸费、包装费、保险费、运输途中的合理损耗和入库前的选择整理费等)应计入所购入商品的成本。   (   )
7. 小企业发生的超过企业所得税税前扣除标准的业务款待费,应计入管理费用,但在进行企业所得税汇算时,应调整增加应纳税所得额。   (   )
8. 小企业发生的汇兑收益,应贷记"财务费用"科目。   (   )
9. 小企业向非金融企业或个人借款的利息费用也应记入"财务费用"科目。   (   )
10. 小企业应交的房产税、车船税、城镇土地使用税、印花税等应记入管理费用,并通过"应交税费"科目核算。   (   )

四、账务处理题

1. A小企业是增值税一般纳税人,5月发生以下经济业务,当月交纳的增值税、城建税、教育费附加和地方教育附加计算情况如下,销售为月末一次结转成本。

(1) 5日购进甲材料,取得增值税专用发票,价税合计113 000元,材料已入库,银行转账支付。

(2) 8日用银行存款支付广告费,取得增值税专用发票价款50 000元,税额3 000元。

(3) 10日销售乙产品100件,增值税专用发票上标明价税合计339 000元,款项已存入银行。

(4) 15日赊销给丁企业甲材料一批,价税合计45 200元。

(5) 计算并结转当月未交的增值税。

(6) 计算当月应交的城建税、教育附加和地方教育附加。

请作出A小企业的账务处理。

2. 甲企业为小企业,2×23年3月与销售费用有关的经济业务如下:

（1）以银行存款支付产品广告费5 000元,展览费4 000元。

（2）为销售产品以银行存款支付运输费1 200元,运输途中的保险费350元,装卸费650元。

（3）专设销售机构发生下列费用:销售机构人员的工资4 000元,提取职工福利费560元,固定资产的折旧费460元,以银行存款支付办公费200元。

（4）按规定将本月发生的销售费用16 420元予以结转。

请编制甲企业上述业务的会计分录。

第七章　利润及利润分配

重点、难点讲解及典型例题

一、利润的计算

营业利润＝营业收入－营业成本－税金及附加－销售费用－
管理费用－财务费用＋投资收益（－投资损失）

利润总额＝营业利润＋营业外收入－营业外支出

净利润＝利润总额－所得税费用

【例题 1·单项选择题】 某小企业本期主营业务收入为 100 万元，主营业务成本为 80 万元，其他业务收入为 20 万元，其他业务成本为 11 万元，销售费用为 5 万元，管理费用为 6 万元，财务费用为 3 万元，营业外收入为 5 万元，营业外支出为 2 万元，投资收益 2 万元，假定不考虑其他因素，该小企业本期的营业利润为（　　）万元。

A. 17　　　　　　B. 16　　　　　　C. 20　　　　　　D. 25

【答案】　A

【解析】　营业利润＝100＋20－80－11－5－6－3＋2＝17（万元）

【例题 2·多项选择题】 下列属于小企业营业利润项目的有（　　）。

A. 投资收益　　　　　　　　　　B. 出租无形资产收入
C. 管理费用　　　　　　　　　　D. 出售材料收入

【答案】　ABCD

【解析】　营业利润是指营业收入减去营业成本、税金及附加、销售费用、管理费用、财务费用，加上投资收益（或减去投资损失）后的金额。出租无形资产收入应计入其他业务收入。

二、营业外收入及营业外支出的范围

1. 营业外收入的范围

小企业的营业外收入包括：政府补助利得、捐赠收益、盘盈收益、汇兑收益、出租包装物和商品的租金收入、逾期未退包装物押金收益、确定无法偿付的应付款项、已作坏账损失处理后又收回的应收款项、违约金收益等。

2. 营业外支出的范围

小企业的营业外支出包括：存货的盘亏、毁损、报废损失，非流动资产损毁、报废净损失，坏账损失和无法收回的长期债券投资损失，无法收回的长期股权投资损失，自然灾害等不可抗力因素造成的损失，税收滞纳金，罚金与罚款，被没收财物的损失，捐赠支出，赞助支出等。

【例题 3·单项选择题】 下列不属于小企业营业外收入的是（　　）。

A. 接受捐赠收益

B. 出租固定资产的租金收入

C. 确实无法偿付的应付款项

D. 汇兑收益

E. 盘盈收益

F. 逾期未退包装物押金收益

【答案】 B

【解析】 出租固定资产的租金收入应计入其他业务收入。

【例题4·单项选择题】 下列不属于小企业营业外支出的是( )。

A. 税收滞纳金 B. 坏账损失

C. 赞助支出 D. 汇兑损失

E. 无法收回的长期股权投资损失 F. 存货的盘亏

【答案】 D

【解析】 汇兑损失应记入"财务费用"。

三、所得税费用的计算

$$所得税费用＝应纳税额$$

$$应纳税额＝应纳税所得额×适用税率－减免税额－抵免税额$$

$$应纳税所得额＝利润总额＋纳税调整增加额－纳税调整减少额－弥补以前年度亏损$$

所得税费用的计算如图7-1所示。

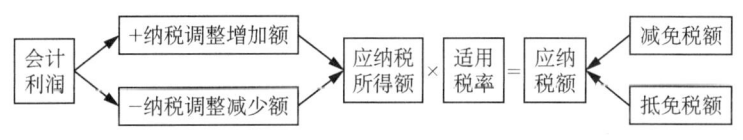

图7-1 所得税费用的计算

【例题5·单项选择题】 某小企业2×23年的利润总额为200 000元,该小企业适用的所得税税率为25%。经核对发现,该小企业2×23年度的有关支出数分别有以下调整事项：在营业外支出中直接列支税收滞纳金10 000元；业务招待费经过计算超过税法规定标准的应调整数为20 000元。另外,该企业2×22年年底审计后认定的经营亏损金额为80 000元。假设不考虑其他因素,则该企业2×23年度所得税费用为( )元。

A. 37 500 B. 150 000

C. 22 500 D. 57 500

【答案】 A

【解析】 应纳税所得额＝200 000＋10 000＋20 000－80 000＝150 000(元)

所得税费用＝应纳税额＝150 000×25%＝37 500(元)

四、本年利润及利润分配的核算

1. 利润分配的核算

利润分配的核算如图7-2所示。

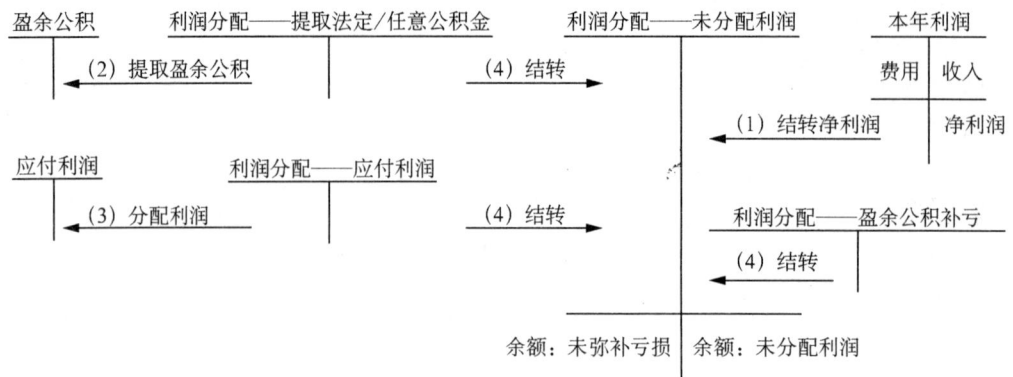

图7-2 利润分配的核算

2. 本年利润的核算

本年利润的核算如图7-3所示。

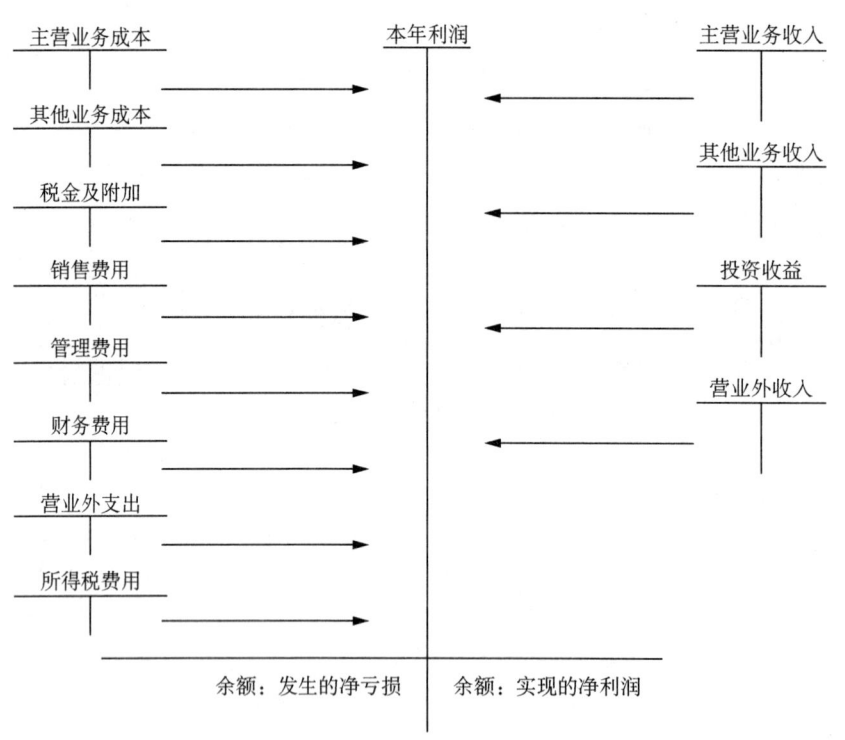

图7-3 本年利润的核算

【例题6·单项选择题】某小企业2×23年年初所有者权益为400万元。为扩大经营规模,本年将资本公积50万元转增资本。本年实现净利润100万元,提取法定盈余公积10万元,提取任意盈余公积10万元,向投资者分配利润20万元。则该企业2×23年年末所有者权益总额为( )万元。

A. 480　　　　　B. 460　　　　　C. 410　　　　　D. 530

【答案】 A

【解析】 所有者权益总额＝400＋100－20＝480(万元)，将资本公积转增资本、提取法定公积金、提取任意盈余公积，只是所有者权益内部项目的增减变动，不影响所有者权益总额。

【例题7·判断题】"利润分配"科目核算小企业利润的分配(或亏损的弥补)和历年分配(或弥补)后的余额。（　　）。

【答案】 √

【解析】 "利润分配"账户下设"提取法定盈余公积""提取任意盈余公积""盈余公积补亏""应付利润""未分配利润"等明细科目进行明细核算。年度终了，将"利润分配"科目所属明细科目(提取法定盈余公积、提取任意盈余公积、盈余公积补亏、应付利润)的余额转入"未分配利润"明细科目。结转后，"利润分配"科目除"未分配利润"明细科目外，其他明细科目应无余额。"未分配利润"明细科目的贷方余额，就是未分配利润的数额；若出现借方余额，则表示未弥补亏损的数额。

思考与练习

一、单项选择题

1. 某小企业2×23年度营业利润为280万元，主营业务收入为452万元，销售费用为12万元，管理费用为10万元，营业外收入为40万元，投资收益为8万元，营业外支出为20万元，所得税税率为25%。假定不考虑其他因素，该小企业2×23年度的净利润为(　　)万元。
   A. 225　　　　B. 255　　　　C. 235.5　　　　D. 200

2. 某小企业2×23年8月主营业务收入为150万元，主营业务成本为80万元，管理用固定资产计提折旧5万元，固定资产盘亏损失为2万元，投资收益为10万元，罚款支出为10万元。假定不考虑其他因素，该小企业当月的营业利润为(　　)万元。
   A. 43　　　　B. 65　　　　C. 68　　　　D. 75

3. 某小企业2×22年发生亏损200万元，2×23年实现利润总额为500万元，其中包括国债利息收入20万元；在营业外支出中有税收滞纳金罚款30万元，所得税税率为25%，假定不考虑其他相关因素，则该小企业2×23年的所得税费用为(　　)万元。
   A. 127.5　　　　B. 75　　　　C. 70　　　　D. 77.5

4. 下列不会影响小企业营业利润项目的是(　　)。
   A. 投资收益　　　　　　　　B. 管理费用
   C. 出售原材料收入　　　　　D. 捐赠收益

5. 盈利企业年度终了，一般应将(　　)科目的余额转入"利润分配——未分配利润"科目的贷方。
   A. "本年利润"
   B. "利润分配——应付利润"
   C. "利润分配——提取法定盈余公积"
   D. "利润分配——提取任意盈余公积"

二、多项选择题

1. 小企业下列各项业务应通过"营业外收入"科目核算的有（　　）。
   A. 汇兑收益
   B. 出租包装物和商品的租金收入
   C. 转让无形资产使用权收入
   D. 固定资产报废净收益
2. 下列属于小企业营业外支出的有（　　）。
   A. 捐赠支出　　　B. 罚款支出　　　C. 坏账损失　　　D. 汇兑损失
3. 下列影响小企业利润总额的有（　　）。
   A. 管理费用　　　B. 财务费用　　　C. 所得税费用　　　D. 商品销售成本
4. 下列科目期末余额应转入本年利润的有（　　）。
   A. 税金及附加　　　B. 投资收益　　　C. 营业外收入　　　D. 财务费用
5. 公司制小企业"利润分配"科目下应设置的明细科目主要有（　　）。
   A. 未分配利润　　　　　　　　B. 盈余公积补亏
   C. 提取法定盈余公积　　　　　D. 应付利润

三、判断题

1. 小企业确认的已作坏账损失处理后又收回的应收款项，借记"银行存款"科目，贷记"营业外收入"科目。（　　）
2. 小企业发生毁损的固定资产的净损失，应记入"营业外支出"科目，最终影响净利润的计算。（　　）
3. 小企业的所得税费用应根据应纳所得税额的一定比例。应纳税所得额是在企业税前会计利润（即利润总额）的基础上调整确定的。（　　）
4. 在表结法下，每月月末均需编制转账凭证，将在账上计算出的各损益类账户的余额结转入"本年利润"账户。（　　）
5. 月末终了结转利润时，小企业可以将各损益类科目的余额转入"本年利润"科目，结平各损益类科目。（　　）
6. 小企业按照规定实行企业所得税、增值税、消费税等先征后返的，应当在实际收到返还的所得税、增值税（不含出口退税）、消费税时，计入营业外收入。（　　）

四、计算及账务处理题

1. 甲小企业2×23年12月份发生如下经济业务：
   （1）销售A产品1 000件，每件售价200元，货款200 000元，增值税税率为13%，已收到货款和增值税款，A产品的单位成本为160元。
   （2）销售B材料10千克，每千克1 000元，每千克材料成本600元，收到商业汇票一张。
   （3）发现无法支付的应付账款50 000元。
   （4）本月发生管理费用8 000元，销售费用4 000元，财务费用5 000元，均用银行存款支付。
   （5）本月固定资产盘亏净损失10 000元。

假设不考虑其他因素,要求:编制上述相关会计分录。

2. 甲小企业 2×23 年年度的有关资料如下:

(1) 年初未分配利润为 30 万元,本年利润总额为 90 万元,适用的所得税税率为 25%。经查,甲小企业当年营业外支出中有 10 万元为税款滞纳金及罚款,投资收益中有 2 万元为国债利息收入。除此之外,不存在其他纳税调整因素。

(2) 按税后利润的 10% 提取法定盈余公积。

(3) 提取任意盈余公积 7 万元。

(4) 向投资者分配利润 30 万元。

要求:

(1) 计算甲小企业本期应纳税所得额和应交所得税,并编制甲小企业确认所得税费用和结转所得税费用的会计分录。

(2) 编制甲小企业提取法定盈余公积和任意盈余公积的会计分录。

(3) 编制甲小企业宣告向投资者分配利润和实际分配利润的会计分录。

(4) 编制结转"利润分配"其他明细科目的会计分录。

第八章 外币业务的核算

重点、难点讲解及典型例题

一、外币

外币狭义上指外国货币,即本国货币以外的其他国家或地区的流通货币,包括各种主币、辅币。广义上指所有以外国货币表示的、能够用于国际结算的支付凭证,包括外国货币、外币有价证券、外币收支凭证和其他外汇资金。《小企业会计准则》规定,记账本位币以外的货币,统称为外币。

【例题1·单项选择题】 我国某小企业记账本位币为欧元,下列说法中错误的是( )。

A. 该企业以人民币计价和结算的交易属于外币交易

B. 该企业以欧元计价和结算的交易不属于外币交易

C. 该企业的编报货币为欧元

D. 该企业的编报货币为人民币

【答案】 C

【解析】《小企业会计准则》规定,记账本位币以外的货币,统称为外币。《小企业会计准则》第七十五条规定:"小企业应当选择人民币作为记账本位币。业务收支以人民币以外的货币为主的小企业,可以选定其中一种货币作为记账本位币,但编报的财务报表应当折算为人民币财务报表。"

【例题2·单项选择题】 在进行外币业务的会计处理时,所指的外币的含义是( )。

A. 本国货币以外的货币 B. 用于进出口结算的货币

C. 记账本位币以外的货币 D. 美元

【答案】 C

【解析】《小企业会计准则》规定记账本位币以外的货币,统称为外币。

二、记账本位币

记账本位币是指企业经营所处的主要经济环境中的货币。通常这一货币是企业主要收、支现金的经济环境中的货币。《小企业会计准则》第七十五条规定:"小企业应当选择人民币作为记账本位币。业务收支以人民币以外的货币为主的小企业,可以选定其中一种货币作为记账本位币,但编报的财务报表应当折算为人民币财务报表。"

【例题3·多项选择题】 小企业选定记账本位币,应当考虑的因素有( )。

A. 该货币主要影响商品和劳务的销售价格,通常以该货币进行商品和劳务的计价和结算

B. 该货币主要影响商品和劳务所需人工、材料和其他费用,通常以该货币进行上述费

用的计价和结算
C. 融资活动获得的货币以及保存从经营活动中收取款项所使用的货币
D. 影响当期汇兑差额数额的大小

【答案】 ABC

【解析】 小企业记账本位币的选定,应当考虑以下因素:

(1) 从日常活动收到现金的角度看,所选择的货币能够对企业商品和劳务销售价格起主要作用,通常以该货币进行商品和劳务销售价格计价和结算;

(2) 从日常活动支出现金的角度看,所选择的货币能够对商品和劳务所需人工、材料和其他费用产生重要影响,通常以该货币进行这些费用的计价和结算;

(3) 从融资活动获得的资金,以及保存从经营活动中收取款项时所使用的货币。

三、外币业务

外币业务指企业以记账本位币以外的其他货币进行款项收付、往来结算的经济业务,主要包括企业购买和销售以外币计价的商品或劳务、企业借入或借出、外币资金、企业承担或清偿以外币计价的债务等。

【例题4·多项选择题】 国内某小企业是进出口企业,以欧元作为记账本位币,企业发生的下列业务中,属于外币业务的有( )。

A. 在国内采购原材料 B. 在香港资本市场上募集资金
C. 出口产品到欧洲   D. 接受美国风险资本的投资
E. 接受欧洲某基金的投资

【答案】 ABD

【解析】《小企业会计准则》规定记账本位币以外的货币,统称为外币。外币业务可以概括为以下几种:

(1) 外币现金及银行存款的收付业务。
(2) 以外币结算的各种应收应付等业务。
(3) 在不同货币之间的兑换业务。
(4) 接受外币资本投资业务。
(5) 企业对发生的外币账户期末余额的调整业务等。

因此答案为 A、B、D。

1. 外币账户设置

在核算外币业务时,小企业应当设置相应的外币账户,包括外币现金、外币银行存款以及以外币结算的债权和债务账户。外币结算的债权账户包括应收账款、应收票据和预付账款等;外币结算的债务账户包括短期借款、长期借款、应付账款、应付票据、应付职工薪酬、预收账款等。不允许开立现汇账户的小企业,可以设置外币现金和外币银行存款以外的其他外币账户。

【例题5·多项选择题】 以下属于非货币性项目的有( )。

A. 交易性金融资产 B. 长期股权投资
C. 资本公积   D. 固定资产

【答案】 ABCD

【解析】 这四个选项都不属于外币现金、外币银行存款以及以外币结算的债权和债务账户。

2. 外币兑换业务

外币兑换业务是指企业从银行等金融机构购入外币(对银行来说,是卖出外币),或向银行等金融机构售出外币(对银行来说,则是买入外币),以及用一种外币兑换另一种外币的业务。小企业发生的外币兑换业务或涉及外币兑换的交易事项,应当以交易实际采用的汇率,即银行买入外币汇率或卖出外币汇率折算。由于汇率变动产生的折算损失记入"财务费用"科目,收益记入"营业外收入"科目。

【例题6·账务处理题】 国内某小企业以人民币为记账本位币,按即期汇率进行折算。本期用1 000欧元兑换港币。兑换当日欧元的即期汇率为1欧元=10.53元人民币,港币的即期汇率为1港币=0.94元人民币;银行欧元的买入和卖出汇率分别为1欧元=10.48元人民币和1欧元=10.52元人民币,港币的买入和卖出汇率分别为1港币=0.918元人民币和1港币=0.925元人民币。要求:进行企业账务处理。

【解析】 先按外汇指定银行的欧元买入汇率、港币卖出汇率来计算1 000欧元可兑换港币11 329.73元(1 000×10.48÷0.925);然后按当日的即期汇率1欧元=10.53元人民币和1港币=0.94元人民币,将欧元和港币折合为人民币金额,两者之差计入汇兑损益。

借:银行存款——港币户　　　　　　　　　　　　　　　　　　10 649.95
　　贷:银行存款——欧元户　　　　　　　　　　　　　　　　　　10 530.00
　　　　营业外收入——汇兑收益　　　　　　　　　　　　　　　　　119.54

3. 接受外币投资

小企业收到投资者以外币投入的资本,无论是否有合同约定汇率,均不得采用合同约定汇率和平均汇率,而应采用交易日即期汇率折算,外币投入资本与相应的货币性项目的记账本位币金额相等,不产生外币资本折算差额。

【例题7·账务处理题】 2月16日,国内甲小企业收到国外的投资500万美元,合同约定的汇率为1美元=6.8元人民币,款项已收到,当日的市场汇率为1美元=6.53元人民币。要求:甲小企业进行账务处理。

借:银行存款——美元户　　　　　　　　　　　　　　　　　32 650 000
　　贷:实收资本　　　　　　　　　　　　　　　　　　　　　32 650 000

四、汇兑损益

汇兑损益是企业在将发生的外币业务折算为记账本位币记账时,同一笔外币金额在不同时间采用不同汇率而产生的记账本位币的差额;不同货币兑换时,不同货币采用的汇率不同而产生的折算为记账本位币的差额。

汇兑损益产生于以下两种情形:一种是在进行货币交易(即外汇兑换业务)时所产生的汇兑损益;另一种是在持有外币货币性资产和负债期间,由于汇率变动而引起的外币货币性资产或负债而发生的损益。

【例题8·多项选择题】 以下说法正确的有(　　)。

A. 当期末即期汇率上升时,应收账款账户会产生汇兑收益

B. 当期末即期汇率上升时,实收资本账户会产生汇兑收益

C. 当期末即期汇率下降时,长期借款账户会产生汇兑收益

D. 当期末即期汇率下降时,应付账款账户会产生汇兑收益

【答案】 ACD

【解析】 对于外币性资产(如外币银行存款、应收账款等)来说,在汇率上升时,会产生汇兑损益;在汇率下降时,会产生汇兑损失。外币货币性负债则完全相反,在汇率上升时,产生汇兑损失;在汇率下降时,产生汇兑收益。

【例题9·单项选择题】 我国某小企业以人民币为记账本位币,当月15日将其中的3 000美元出售给中国银行,当时中国银行美元买入汇率为1美元=6.20元人民币,卖出汇率为1美元=6.24元人民币,当日即期汇率为1美元=6.22元人民币。小企业售出该笔美元时应确认的汇兑损失为(　　)元人民币。

A. 60　　　　　B. 200　　　　　C. 140　　　　　D. 0

【答案】 A

【解析】 小企业发生的外币兑换业务或涉及外币兑换的交易事项,应当以交易实际采用的汇率,即银行买入价或卖出价折算。由于汇率变动产生的折算损失计入财务费用,收益计入营业外收入。

借:银行存款——人民币户　　　　　　　　　　　　　　　　　　　　　18 600
　　财务费用——汇兑损失　　　　　　　　　　　　　　　　　　　　　　60
　贷:银行存款——美元户　　　　　　　　　　　　　　　　　　　　　　18 660

【例题10·单项选择题】 我国某小企业对外币业务采用交易发生日的即期汇率进行折算,按月计算汇兑损益。6月20日从境外购买零配件一批,价款总额为800万美元,货款尚未支付,当日的市场汇率为1美元=6.24元人民币。6月30日的市场汇率为1美元=6.21元人民币。7月31日的市场汇率为1美元=6.25元人民币,该外币债务7月份发生的汇兑损失为(　　)万元人民币。

A. −24　　　　　B. −32　　　　　C. 32　　　　　D. 24

【答案】 C

【解析】 《小企业会计准则》第七十七条规定,小企业在资产负债表日,外币货币性项目,采用资产负债表日的即期汇率折算。因资产负债表日即期汇率与初始确认时或者前一资产负债表日即期汇率不同而产生的汇兑损失,计入当期损益。

逐笔核算货币性外币账户上汇率发生的外币金额的价值变动额,而对汇率没有发生变动的外币金额不予考虑。其计算公式是:某个货币性外币账户发生的汇兑损益=该账户期初的外币金额×(期末汇率−期初汇率)+该账户本期增加的外币金额×(期末汇率−业务发生时的市场汇率)−该账户本期减少的外币金额×(期末汇率−业务发生时的市场汇率),上述结果若为正值,表示外币货币性资产账户发生的是汇兑收益,外币货币性负债账户发生的是汇兑损失;若为负值,则相反。

6月20日:

借:原材料　　　　　　　　　　　　　　　　　　　　　　　　　　　　4 992
　贷:应付账款——美元户　　　　　　　　　　　　　　　　　　　　　　4 992

6月30日：

应付账款汇兑损益＝800×(6.21－6.24)＝－24(万元)＜0,因此减少应付账款美元户账面价值。

  借：应付账款——美元户   24
    贷：营业外收入——汇兑收益   24

7月31日：

应付账款汇兑损益＝800×(6.25－6.21)＝32(万元)＞0,因此增加应付账款美元户账面价值。

  借：财务费用——汇兑损失   32
    贷：应付账款——美元户   32

思考与练习

一、单项选择题

1. 小企业在核算外币业务时应当设置外币账户,下列不属于外币账户的是(　　)。
  A. "应收账款"   B. "长期借款"
  C. "应付职工薪酬"   D. "主营业务收入"

2. 小企业接受外币资本投资,相应的资产账户,一律按(　　)进行折算。
  A. 合同约定汇率   B. 当日的即期汇率
  C. 期初汇率   D. 期末汇率

3. 我国目前采用的外汇标价方法是(　　)。
  A. 期初汇率   B. 现行汇率
  C. 直接标价法   D. 间接标价法

4. 我国小企业发生的外币业务,除(　　)业务外,均可以用业务发生当日的即期汇率作为折算汇率。
  A. 外币交易   B. 外币借款
  C. 以外币结算的债权与债务   D. 美元兑换港元

5. 在外币统账法下,除(　　)业务外,每一笔外币业务都平时不确认汇兑损益,在期末终了才确认。
  A. 外币投资   B. 外币兑换
  C. 外币交易   D. 外币借款

6. 我国一小针织企业以外国货币作为记账本币进行账务处理。该企业原先的主要客户在美国,但由于美国对我国的纺织品配额减少,限制了该企业对美国的出口,同时欧盟加大了对我国纺织品的采购,预计该趋势将持续数年。另外,该企业的针织制品在新加坡也广受青睐。结合情况分析,该企业应选择(　　)作为记账本位币。
  A. RMB   B. US$ C. €   D. S$

7. 国内某小企业以港币作为记账本位币,采用发生日的即期汇率作为记账汇率。长期借款期初余额如表8-1所示。

表 8-1 相关数据

外币金额(US$)	外币汇率	港币金额(HKD)
60 000	7.78	466 800

本期向银行申请长期借款 40 000 美元,用于厂房的建设。当日即期汇率为 1 美元=6.24 元人民币,1 港币=0.84 元人民币。期末即期汇率为 1 美元=6.234 元人民币,1 港币=0.83 元人民币。本期长期借款外币账户影响利润总额为(　　)元。

  A. 增加 10 790   B. 减少 10 790
  C. 增加 10 800   D. 减少 10 800

  8. 国内某小企业以人民币为记账本位币,采用发生日即期汇率作为记账汇率。本期用 10 000 美元用于进口一批材料。当日美元的即期汇率 1 美元=6.45 元人民币,合同约定汇率为 1 美元=6.56 元人民币,银行买入汇率和卖出汇率分别是 1 美元=6.435 元人民币和 1 美元=6.376 元人民币,不考虑相关税费。则材料的入账价值为(　　)元人民币。

  A. 64 500   B. 65 600
  C. 64 350   D. 63 760

  9. 国内某小企业以人民币为记账本位币,采用发生日即期汇率作为记账汇率。6 月 24 日,以 1 000 美元购入 B 种股票,当日的即期汇率为 1 美元=6.432 元人民币。6 月 30 日,该股票的公允价值为 1 020 美元,即期汇率为 1 美元=6.40 元人民币,则 B 种股票公允价值变动为(　　)元。

  A. 增加 96   B. 减少 96
  C. 增加 128   D. 减少 128

  10. 国内某小企业以人民币为记账本位币。17 日,用 8 000 美元兑换成港币,当日的即期汇率为 1 美元=7.07 元人民币,1 港币=0.93 元人民币,外汇指定银行美元买入汇率为 1 美元=7.03 元人民币,港币的卖出汇率为 1 港币=0.94 元人民币,则美元兑换港币产生的汇兑差额为(　　)。

  A. 收益 918.3 元   B. 损失 918.3 元
  C. 收益 928.17 元   D. 损失 928.17 元

二、多项选择题

  1. 我国小企业外币业务的折算汇率可以采用(　　)。
  A. 期末汇率   B. 业务发生日的即期汇率
  C. 交易当期的平均汇率   D. 银行买入汇率
  E. 银行卖出汇率

  2. 小企业在核算外币业务时应当设置外币账户,下列属于外币账户的有(　　)。
  A. 外币库存现金账户   B. 外币银行存款账户
  C. 外币结算的债权账户   D. 外币结算的债务账户
  E. 外币实收资本账户

  3. 下列有关外币折算的表述中,正确的有(　　)。
  A. 小企业收到投资者以外的资本,有合同约定汇率的,按合同约定汇率折算;没有合同

约定汇率的,按收到外币资本当日的即期汇率折算

B. 小企业发生外币交易时,按照交易发生日的即期汇率或交易当期平均汇率将外币金额折算为记账本位币金额

C. 资产负债表日对外币货币性项目采用资产负债表日即期汇率折算;以历史成本计量的外币非货币性项目,采用交易发生日的即期汇率折算

D. 收到投资者以外币投入的资本,应采用交易日即期汇率折算

E. 小企业对外币财务报表折算时,应当采用资产负债表日的即期汇率对外币资产负债表、利润表和现金流量表的所有项目进行折算

4. 下列各项中,属于外币货币性项目的有(　　)。

A. "银行存款"　　　　　　　　　B. "应交税费"
C. "短期借款"　　　　　　　　　D. "应付账款"
E. "预收账款"

5. 下列账户中,在汇率上升时会产生汇兑收益;在汇率下降时,会产生汇兑损失的有(　　)。

A. "银行存款"　　　　　　　　　B. "应付账款"
C. "应交税费"　　　　　　　　　D. "预付账款"
E. "长期应付款"

三、判断题

1. 如果小企业有需要,可根据实际情况随时变更记账本位币。(　　)

2. 在我国,即使小企业的记账本位币不是人民币,各项人民币经济业务仍不能称之为外币业务。(　　)

3. 买入汇率是指客户向银行买入外汇时的价格或汇率。(　　)

4. 按我国《小企业会计准则》规定,我国境内小企业在年末编制对外会计报表时须换算为人民币加以反映。以外国货币作为记账本位币的企业,因期末外币报表换算产生的差额,应在"外币报表折算差额"中反映。(　　)

5. 在资产负债表日,小企业应当对外币货币性项目和外币非货币性项目采用资产负债表日的即期汇率折算。(　　)

四、计算及账务处理题

1. 甲小企业以人民币为记账本位币,要求对下列两笔货币兑换业务进行会计处理:

(1) 3月20日,从美元存款中支出6 000美元兑换人民币,当日即期汇率1美元=6.16元人民币,银行美元买入汇率为1美元=6.15元,卖出汇率为1美元=6.17元;

(2) 11月8日,用20 000港币向银行兑换成美元,存入美元户,当日即期汇率为1美元=6.23元人民币,港币即期汇率为1港币=0.85元人民币;银行美元买入汇率为1美元=6.24元人民币,卖出汇率为1美元=6.2元人民币;港币买入汇率为1港币=0.86元人民币,卖出汇率为1港币=0.83元人民币。

2. 国内某小企业以人民币为记账本位币,采用即期汇率作为折算汇率。10月31日,即期汇率为1美元=6.24元人民币。11月30日即期汇率为1美元=6.23元人民币。该企业

10月末各外币账户的期初余额如表8-2所示。

表8-2 外币账户余额表

账户名称	外币金额(US$)	外币汇率	人民币金额(¥)
银行存款——美元账户	50 000	6.24	312 000
应收账款——美元账户(甲企业)	9 500	6.24	59 280
应付账款——美元账户(乙企业)	30 000	6.24	187 200
短期借款——美元账户	1 500	6.24	9 360

11月份该企业发生如下经济业务：

(1) 2日,向甲企业出口产品一批,货款共8 000美元,货款尚未收到,当日美元的即期汇率为1美元=6.23元人民币。

(2) 5日,支付上月结欠B企业外汇账款30 000美元,当日美元的即期汇率为1美元=6.32元人民币。

(3) 7日,向C企业进口原材料一批,价款10 000美元,材料已入库,货款尚未支付,当日美元的即期汇率为1美元=6.24元人民币。

(4) 10日,收到本月向A企业出口产品的销货款并存入银行,当日美元的即期汇率为1美元=6.238元人民币。

(5) 12日,归还所欠短期借款1 500美元,当日美元的即期汇率为1美元=6.234元人民币。

(6) 13日,收回A企业上月所欠货款7 000美元,当日美元的即期汇率为1美元=6.241元人民币。

(7) 17日,因资金周转所需,向银行借款1 500美元,当日美元的即期汇率为1美元=6.334元人民币。

(8) 20日,收到境外投资者投入的资本20 000美元,当日美元的即期汇率为1美元=6.262元人民币。

(9) 22日,归还前欠C企业货款10 000美元,当日美元的即期汇率为1美元=6.26元人民币。

要求：

(1) 根据上述资料,编制会计分录。

(2) 登记各外币账户,并按月末即期汇率调整账面人民币余额,确认汇兑损益。

第九章 财务报表

 重点、难点讲解及典型例题

一、财务报表概述

1. 定义

财务报表,是对小企业财务状况、经营成果和现金流量的结构性表述。投资者等报表使用者通过全面阅读和综合分析财务报表,可以了解和掌握企业过去和当前的状况,预测企业的未来发展趋势,从而做出相关决策。

2. 构成及种类

小企业的财务报表应当包括下列部分:资产负债表、利润表、现金流量表和财务报表附注,如表 9-1 所示。

表 9-1 财务报表种类

编　号	报表名称	编报期
会小企 01 表	资产负债表	月报、年报
会小企 02 表	利润表	月报、年报
会小企 03 表	现金流量表	月报、年报

(1)资产负债表反映小企业在某一特定日期所拥有的资产、需要偿还的债务以及投资者拥有的净资产情况。

(2)利润表反映小企业在一定会计期间的经营成果,即获利或亏损的情况,表明小企业运用所拥有资产的获利能力。

(3)现金流量表反映小企业在一定会计期间现金流入和流出的情况。

(4)财务报表附注,是指在资产负债表、利润表和现金流量表等报表中列示项目的文字描述或明细资料,以及对未能在这些报表中列示项目的说明等。

【例题 1·单项选择题】 按照《小企业会计准则》的规定,小企业应当编制的财务报表有(　　)。

A. 企业经营情况报告　　　　　　　　B. 企业获利情况报告
C. 资产负债表　　　　　　　　　　　D. 企业所得税计算表

【答案】 C

【解析】 企业应当编制的财务报表有资产负债表、利润表和现金流量表等。

二、资产负债表的编制

资产负债表是反映小企业在某一特定日期财务状况的报表。资产负债表主要提供有关小企业财务状况方面的信息,即某一特定日期关于小企业资产、负债、所有者权益及其相互关系,是一张反映小企业在一定时点上财务状况的静态报表。

【例题2·单项选择题】 资产负债表中资产是依据( )排列的。

A. 项目收益性　　　　　　　　B. 项目重要性
C. 项目流动性　　　　　　　　D. 项目时间性

【答案】 C

【解析】 资产负债表中资产是按照资产项目的流动性排列的。

1. "年初余额"栏的填列方法

"年初余额"栏内各项数字,应根据上年末资产负债表"期末余额"栏内所列数字填列。

2. "期末余额"栏的填列方法

(1) 根据总账科目余额填列。如"短期投资""其他应收款""递延收益""实收资本"等项目,应根据各有关总账科目的余额直接填列;有些项目则需根据几个总账科目的期末余额计算填列,如"货币资金"项目,需根据"库存现金""银行存款""其他货币资金"3个总账科目的期末余额合计数填列。

(2) 根据明细账科目余额计算填列。如"应付账款"项目,需要根据"应付账款"和"预付账款"两个科目所属的相关明细科目的期末贷方余额计算填列;"应收账款"项目,需要根据"应收账款"和"预收账款"两个科目所属的相关明细科目的期末借方余额计算填列。

【例题3·单项选择题】 按照《小企业会计准则》的规定,预付账款科目明细账中若有贷方余额,应将其计入资产负债表中的( )项目。

A. 应收账款　　B. 预收账款　　C. 应付账款　　D. 其他应付款

【答案】 C

【解析】 "预付账款"科目期末贷方余额,应当在"应付账款"项目列示。

(3) 根据总账科目和明细账科目余额分析计算填列。如"长期借款"项目,需要根据"长期借款"总账科目余额扣除"长期借款"科目所属的明细科目中将在1年内到期且小企业不能自主地将清偿义务展期的长期借款后的金额计算填列。

(4) 根据有关科目的余额减去其备抵科目余额后的净额填列。如"生产性生物资产""无形资产"项目,应当根据"生产性生物资产""无形资产"科目的期末余额减去"生产性生物资产累计折旧""累计摊销"备抵科目余额后的净额填列。

(5) 综合运用上述填列方法分析填列。如"存货"项目,应根据"材料采购""在途物资""原材料""生产成本""库存商品""委托加工物资""周转材料""消耗性生物资产"等科目期末余额合计数填列。材料采用计划成本或商品采用售价金额核算的,还应按照加或减"材料成本差异""商品进销差价"后的金额填列。

【例题4·单项选择题】 税务人员在进行税收分析时需要把握资产负债表中存货所包括的范围,以下项目属于存货的是( )。

A. 货币资金　　B. 应收账款　　C. 库存商品　　D. 应付账款

【答案】 C

【解析】 存货包括原材料、在产品和库存商品等。

(6) 根据有关项目合计数填列。如"流动资产合计""非流动资产合计""资产总计""流动负债合计""非流动负债合计""负债合计""所有者权益(或股东权益)合计""负债和所有者权益(或股东权益)合计"等项目,应根据表中的相关项目合计数填列。

(7) 不得填列的项目。资产负债表中"流动资产""非流动资产""流动负债""非流动负债""所有者权益(或股东权益)"5 个项目不得填列。

三、利润表的编制

1. 定义

利润表,是反映小企业在一定会计期间的经营成果的报表。因为它反映的是某一期间的情况,所以,它又称为动态报表。利润表反映的收入、费用等情况,能够反映小企业生产经营的收益和成本耗费情况,表明小企业的经营成果。

【例题 5·单项选择题】 某小企业 2×23 年发生业务招待费用 55 万元,发生财产保险费用 50 万元,发生差旅费 80 万元,发生印花税、车船税等 10 万元(已经缴纳),发生管理用设备折旧费用 300 万元(假设等于税法折旧),发生计入成本费用的职工工资 200 万元和养老金等社会保险基金 100 万元,其中 40% 应归属于管理人员薪酬,管理人员的薪酬中有12 万元尚未支付。本期企业所得税申报表中申报的销售(营业)收入为 1 000 万元。则该企业本期计入利润表的管理费用与可在税前扣除的管理费用分别为( )万元。

A. 615;565　　　　　　　　　　B. 615;535
C. 795;565　　　　　　　　　　D. 795;553

【答案】 B

【解析】 本期计入利润表的管理费用=55+50+80+10+300+(200+100)×40%=615(万元),本期可在税前扣除的管理费用=1 000×5‰+50+80+10+300+(200+100)×40%-12=553(万元)。由于,55×60%=33(万元),1 000×5‰=5(万元),可扣除的业务招待费为 5 万元;工资中尚未支付的部分不能税前扣除。

2. 利润表各项目的内容及填列

利润表各项目的内容及填列如表 9-2 所示。

表 9-2　利润表各项目的内容及填列内容

项　目	填列方法
一、营业收入	="主营业务收入"+"其他业务收入"
减:营业成本	="主营业务成本"+"其他业务成本"
税金及附加	="税金及附加"
销售费用	="销售费用"
管理费用	="管理费用"
财务费用	="财务费用"
加:投资收益(损失以"-"号填列)	="投资收益"
二、营业利润(亏损以"-"号填列)	推算认定
加:营业外收入	="营业外收入"
减:营业外支出	="营业外支出"
三、利润总额(亏损总额以"-"号填列)	推算认定
减:所得税费用	="所得税费用"
四、净利润(净亏损以"-"号填列)	推算认定

四、现金流量表的编制

1. 定义

现金流量表,是指反映小企业在一定会计期间现金流入和流出情况的报表。

现金流量表应当分别按照经营活动、投资活动和筹资活动列报现金流量。现金流量应当分别按照现金流入和现金流出总额列报。

现金,是指小企业的库存现金以及可以随时用于支付的存款和其他货币资金。

2. 现金流量的分类

现金流量表应按照经营活动产生的现金流量、投资活动产生的现金流量和筹资活动产生的现金流量分别反映。

(1) 经营活动产生的现金流量。经营活动是指小企业投资活动和筹资活动以外的所有交易和事项。

(2) 投资活动产生的现金流量。投资活动是指小企业固定资产、无形资产、其他非流动资产的购建和短期投资、长期债券投资、长期股权投资及其处置活动。

(3) 筹资活动产生的现金流量。筹资活动是指导致小企业资本及借款规模和构成发生变化的活动。

3. 编制方法

(1) 工作底稿法。采用工作底稿法编制现金流量表,是以工作底稿为手段,以利润表和资产负债表数据为基础,对每一项目进行分析并编制调整分录,从而编制出现金流量表。

(2) T形账户法。T形账户法是以T形账户法为手段,以利润表和资产负债表数据为基础,对每一项目进行分析并编制调整分录,从而编制出现金流量表。

【例题6·单项选择题】 下列项目中,属于现金流量表所属现金的是( )。

A. 不能随时用于支付的银行定期存款

B. 提前通知金融企业便可支取的定期存款

C. 3个月内到期的短期债券投资

D. 6个月内到期的短期债券投资

【答案】 B

【解析】 现金流量表以现金为基础编制,这里的现金,是指小企业的库存现金以及可以随时用于支付的存款和其他货币资金。银行存款,是指企业在金融企业随时可以用于支付的存款,即与会计核算中"银行存款"科目所包括的内容基本一致,其区别在于:如果存在金融企业的款项中不能随时用于支付的存款,如不能随时支取的定期存款,不作为现金流量表中的现金,但提前通知金融企业便可支取的定期存款,则包括在现金流量表中的现金范围内。

五、《小企业会计准则》与《企业会计准则》的比较

《小企业会计准则》和《企业会计准则》在资产负债表、利润表、现金流量表等报表中列示项目具体内容以及填列要求上有一定区别:

1. 资产负债表

《小企业会计准则》项目更简化,如未设置"商誉""开发支出"等复杂项目,而《企业会计

准则》项目更细化,包含"债权投资""递延所得税资产"等。具体填列时,《小企业会计准则》直接以科目余额会计填列,如"应收账款""存货"等;而《企业会计准则》需扣除减值准备,如"坏账准备""存货跌价准备"等。

2. 利润表

《小企业会计准则》项目较少,未设置"资产减值损失""公允价值变动收益"等复杂项目;《企业会计准则》则包含这些项目,并增加"每股收益""综合收益总额"等。具体填列时《小企业会计准则》需区分月报和年报的"上期金额";《企业会计准则》统一反映上年该期金额。

3. 现金流量表

《小企业会计准则》项目更简化,未设置"处置子公司收到的现金净额"等复杂项目;《企业会计准则》则更细化,且引入"现金等价物"概念。填列时,《小企业会计准则》更注重直接反映现金流入和流出;《企业会计准则》对部分项目进行了更详细的分类。

思考与练习

一、单项选择题

1. 下列资产负债表项目中,其期末数可以根据若干个总账科目期末余额计算填列的有(　　)。
   A. 短期投资　　　B. 货币资金　　　C. 应付工资　　　D. 固定资产

2. 小企业资产负债表中的资产类至少应当单独列示反映(　　)信息。
   A. 固定资产　　　B. 应付账款　　　C. 应交税费　　　D. 未分配利润

3. 小企业资产负债表中的负债类至少应当单独列示反映(　　)信息。
   A. 实收资本　　　B. 实收股本　　　C. 短期投资　　　D. 短期借款

4. 利润表至少应当单独列示反映(　　)信息。
   A. 货币资金　　　B. 未分配利润　　C. 增值税　　　　D. 税金及附加

5. 所得税费用是(　　)中的项目。
   A. 资产负债表　　B. 利润表　　　　C. 现金流量表　　D. 会计报表附注

6. 利润表之所以是企业所得税分析时常用的报表,其主要原因是(　　)。
   A. 资产负债表反映了企业的资产构成
   B. 资产负债表反映了企业的负债构成
   C. 资产负债表反映了企业的使用者权益构成
   D. 资产负债表不反映企业所得税的计税依据

7. 净利润是利润表中的项目,小企业的净利润表示的是(　　)。
   A. 利润总额扣除增值税后的金额　　　B. 利润总额扣除消费税后的金额
   C. 利润总额扣除营业税后的金额　　　D. 利润总额扣除所得税费用后的金额

8. 小企业取得的用于补偿已发生费用的政府补助,反映在利润表的(　　)项目。
   A. 营业收入　　　　　　　　　　　　B. 营业成本
   C. 营业外收入　　　　　　　　　　　D. 营业外支出

9. 企业缴纳的各种税金应在财务报表中反映企业缴纳税金的报表是(　　)。
   A. 资产负债表　　　　　　　　　　　B. 利润表

C. 现金流量表 D. 会计报表附注

10. 按照《小企业会计准则》的规定,"应收账款"科目明细账中若有贷方余额,应将其记入资产负债表中的（　　）项目。
   A. 应收票据 B. 预收款项
   C. 应付账款 D. 其他应付款

11. 按照《小企业会计准则》的规定,预收账款科目明细账中若有借方余额,应将其记入资产负债表中的（　　）项目。
   A. 应收账款 B. 预收款项
   C. 应付账款 D. 其他应付款

12. 按照《小企业会计准则》的规定,资产负债表中货币资金项目中包含的项目是（　　）。
   A. 银行本票存款 B. 银行承兑汇票
   C. 商业承兑汇票 D. 交易性金融资产

13. 某小企业"应付账款"科目月末贷方余额 40 000 元,其中:应付甲公司账款明细科目贷方余额 35 000 元,应收乙公司账款明细科目贷方余额 5 000 元,"预付账款"科目月末贷方余额 30 000 元,其中:预收 A 公司账款明细科目贷方余额 50 000 元,预付 B 公司账款明细科目借方余额 20 000 元。该企业月末资产负债表中预付账款项目的金额为（　　）元。
   A. 90 000 B. 70 000
   C. 50 000 D. 20 000

14. 某小企业"原材料"科目借方余额 150 万元,"生产成本"科目借方余额 200 万元,"材料采购"科目借方余额 50 万元,"材料成本差异"科目贷方余额 50 万元,该企业期末资产负债表中存货项目应填列的金额为（　　）万元。
   A. 150　　　　B. 350　　　　C. 200　　　　D. 400

15. 小企业利润表中的"税金及附加"项目反映的是（　　）。
   A. 个人所得税 B. 城市维护建设税
   C. 所得税 D. 增值税

16. 下列各项交易或事项所产生的现金流量中,不属于现金流量表中经营活动产生的现金流量的是（　　）。
   A. 经营租赁固定资产收到的租金
   B. 收到的教育附加返还款
   C. 支付的保险费
   D. 构建固定资产、无形资产和其他非流动资产支付的现金

17. 某小企业利用 2 年期银行借款购入了一条生产线,因购进生产线而支付的借款利息属于（　　）产生的现金流量。
   A. 经营活动 B. 投资活动
   C. 筹资活动 D. 汇率变动

18. 以下是小企业发生的经营业务,引起小企业现金流量净额变动的项目是（　　）。
   A. 将现金存入银行 B. 取出可以随时支取的银行定期存款
   C. 用固定资产抵偿债务 D. 用银行存款清偿 20 万元的债务

二、多项选择题

1. 按照《小企业会计准则》的规定,小企业财务报表总括地反映了小企业的(　　)。
   A. 纳税情况　　　　B. 经营成果　　　　C. 现金流量　　　　D. 负债情况
2. 小企业资产负债表项目数据的形成方法包括(　　)。
   A. 根据总账科目余额直接填列
   B. 根据总账科目余额计算填列
   C. 根据明细科目余额计算填列
   D. 根据总账科目和明细科目月分析计算填列
3. 小企业资产负债表中的所有者权益包括(　　)。
   A. 小企业收到投资者投入资本超出其在注册资本中所占份额的部分
   B. 小企业收到的应当视同销售的货物投资
   C. 小企业应当缴纳给国家的各种税收
   D. 小企业分配给投资人的利润
4. 下列各项中,对资产负债表的作用描述正确的有(　　)。
   A. 通过编制资产负债表可以反映企业资产的构成及其状况
   B. 通过编制资产负债表可以分析企业的偿债能力
   C. 通过编制资产负债表可以分析企业的获利能力
   D. 通过编制资产负债表可以反映企业所有者权益的情况
5. 下列各项,影响小企业营业利润的项目有(　　)。
   A. 销售费用　　　　B. 管理费用　　　　C. 投资收益　　　　D. 所得税费用
6. 小企业资产负债表中的"货币资金"项目包括(　　)。
   A. 库存现金　　　　B. 银行存款　　　　C. 应收账款　　　　D. 应交税费
7. 下列各资产负债表项目中,应根据明细科目余额计算填列的有(　　)。
   A. 应收票据　　　　B. 预收账款　　　　C. 应收账款　　　　D. 应付账款
8. 按照《小企业会计准则》的规定,小企业的现金流量分为(　　)。
   A. 经营活动产生的现金流量　　　　B. 投资活动产生的现金流量
   C. 筹资活动产生的现金流量　　　　D. 行贿活动产生的现金流量
9. 现金流量表中的筹资活动包括(　　)。
   A. 偿还借款　　　　B. 吸收投资　　　　C. 向银行贷款　　　　D. 分配利润
10. 小企业现金流量表中的投资活动包括(　　)。
    A. 短期投资的购买与处置　　　　B. 固定资产的购建与处置
    C. 无形资产的构建与处置　　　　D. 长期投资的购买与处置

三、判断题

1. 小企业的财务报表至少应当包括下列组成部分:资产负债表、利润表、现金流量表、附注、应交增值税明细表。(　　)
2. 小企业应缴纳的增值税应在利润表的税金及附加项目中反映。(　　)
3. 资产负债表中的其他收款项目,反映小企业除应收票据、应收账款、预付账款、应收股利、应收利息等以外的其他各种应收及应付款项。(　　)

4．小企业资产负债表中的无形资产项目，反映小企业无形资产的账面价值。本项目应该根据无形资产科目的期末余额减去累计摊销科目的期末余额后的金额填列。（　　）

5．利润分配总账的年末余额不一定与相应的资产负债表中未分配项目的数额一致。
（　　）

6．多步式利润表能够科学地揭示企业利润及构成内容的形成过程，便于对企业生产经营情况进行分析，有利于不同企业之间进行比较。（　　）

7．按照《小企业会计准则》的规定，小企业的利润表不显示主营业务成本和其他业务成本。（　　）

8．小企业对投资人分配的利润属于利润分配的范畴，不属于现金流量表的内容。（　　）

9．小企业处置固定资产、无形资产和其他长期资产所收回的现金净额项目属于投资活动的现金流量。（　　）

10．关于利润表的"上期金额"栏，《小企业会计准则》下，需要区分月报和年报。月报的"上期金额"反映的是上月实际发生数；年报的"上期金额"反映的是上面全年实际发生额。
（　　）

四、计算及账务处理题

1．表9-3是某小企业2×23年底的会计科目余额表，请根据表中资料编制资产负债表。

表9-3　科目余额表

单位：元

科目名称	借方	科目名称	贷方
库存现金	6 000	短期借款	180 000
银行存库	259 300	应付票据	140 000
其他货币资金	110 000	应付账款	220 000
短期投资	90 000	其他应付款	10 000
应收票据	220 000	应付职工薪酬	47 000
应收账款	121 000	应交税费	657 000
预付账款	220 000	其他应交款	12 000
其他应收款	45 000	应付利润	50 000
原材料	369 000	长期借款	110 000
库存商品	400 000	其中：一年内到期的长期负债	15 000
材料成本差异	-12 600	实收资本	1 770 000
长期股权投资	230 000	盈余公积	207 000
固定资产	470 000	利润分配	120 000
累计折旧	96 000		
工程物资	100 000		
在建工程	270 000		
无形资产	115 000		
长期待摊费用	15 000		

2. 某小企业 2×23 年度的会计科目发生额见表 9-4，请你根据《小企业会计准则》的规定编制小企业利润表。

表 9-4 科目发生额

单位：元

科目名称	借方发生额	贷方发生额
主营业务收入		195 621
主营业务成本	127 000	
税金及附加	9 000	
销售费用	15 100	
管理费用	12 500	
财务费用	3 100	
投资收益		6 000
营业外收入		5 700
营业外支出	2 200	
所得税费用	6 800	

第二部分 思考与练习参考答案

第一章 小企业会计概述

一、单项选择题

1	2	3	4	5
A	C	B	D	C

【解释】

第5题:小企业的资产应当按照即时成本计量,不计提资产减值准备。应收及预付款项的坏账损失应当于实际发生时计入营业支出,同时冲减应收及预付款项,不需要设置"坏账准备"科目。

因此选择C。

二、多项选择题

1	2	3	4	5
ABCD	ABD	ABC	ABC	ABD

【解释】

第3题:《小企业会计准则》规定,小企业编制的财务报告只包括资产负债表、利润表、现金流量表和附注,不编制所有者权益变动表。

因此选择ABC。

第4题:《小企业会计准则》适用于在中华人民共和国境内设立的、同时满足下列三个条件的企业(即小企业):不承担社会公众责任;经营规模较小;既不是企业集团内的母公司也不是子公司。不适用于股票或债券在市场上公开交易的小企业;金融机构或其他具有金融性质的小企业;企业集团内的母公司和子公司。

因此选择ABC。

第5题:根据小企业经济业务相对简单的特点,《小企业会计准则》减少了设置的一级科目。以资产类科目为例,少设置了"交易性金融资产""可供出售金融资产""持有至到期投资""投资性房地产""存货跌价准备""持有至到期投资减值准备""长期股权投资减值准备"等科目。

因此选择ABD。

三、判断题

1	2	3	4	5
√	√	√	√	√

【解释】

第2题:《小企业会计准则》所界定的小企业是指在中华人民共和国境内依法设立的、符合《中小企业划型标准规定》所规定的小型企业标准的企业。

《中华人民共和国增值税暂行条例实施细则》(财政部、国家税务总局令2008年第50号)第二十八条规定,小规模纳税人的标准为:(1)从事货物生产或者提供应税劳务的纳税人,以及以从事货物生产或者提供应税劳务为主,并兼营货物批发或者零售的纳税人,年应征增值税销售额(以下简称应税销售额)在50万元以下(含本数,下同)的;(2)除本条第一款第(一)项规定以外的纳税人,年应税销售额在80万元以下的。本条第一款所称以从事货物生产或者提供应税劳务为主,是指纳税人的年货物生产或者提供应税劳务的销售额占年应税销售额的比重在50%以上。

第5题:《企业会计准则——基本准则》适用于所有企业,小企业在进行会计核算时,也要遵循《企业会计准则——基本准则》的要求,按照《小企业会计准则》的规定,建账建制,加强会计基础工作。

第二章 资 产

一、单项选择题

1	2	3	4	5	6	7	8	9	10
D	B	A	A	B	C	C	C	C	C
11	12	13	14	15	16	17	18	19	20
D	B	D	C	B	B	B	C	B	A

【解释】

第8题:甲材料总成本为600×50+2 000+450=32 450元,再除以单位590千克,最终得出甲材料的单位实际成本为55元。

因此选择C。

第10题:因为甲公司取得了乙公司60%的控股权,所以乙公司为甲公司的子公司,必须用成本法进行核算,则甲公司确认的长期股权投资成本为初始成本90万元。

因此选择C。

二、多项选择题

1	2	3	4	5	6	7	8	9	10
AC	ABCD	AB	AB	ABD	AB	ABC	BCD	CD	AD

【解释】

第1题:未达账项主要分为以下四种类型:

银行已收企业未收:这种情况指的是银行已经收到款项并已入账,但企业由于尚未收到银行的收款通知而未能及时入账。

银行已付企业未付:这种情况指的是银行已经支付款项并已入账,但企业由于尚未收到银行的付款通知而未能及时入账。

企业已收银行未收:这种情况指的是企业已经收到款项并已入账,但银行由于尚未完成转账手续而未能入账。

企业已付银行未付:这种情况指的是企业已经支付款项并已入账,但银行由于尚未完成转账手续而未能入账。

因此选择 AC。

第5题:资产负债表中"存货"项目,反映企业期末在库、在途和在加工的各项存货的价值。"存货"项目应根据"材料采购""原材料""周转材料""库存商品""发出商品""委托加工物资""委托代销商品""受托代销商品""生产成本"等科目的期末余额合计,减去"受托代销商品款""存货跌价准备"等科目期末余额后的金额填列。

因此选择 ABD。

第6题:材料成本差异借方登记实际成本大于计划成本的差异额(超支额)、发出材料应负担的节约差异,以及调整库存材料计划成本时减少的计划成本。

具体而言,借方登记的是材料采购过程中出现的超支差异,即当材料的实际成本高于计划成本时的差额。同时,借方还登记发出材料所承担的节约差异,即当材料的实际成本低于计划成本时,发出材料应负担的差异。

因此选择 AB。

第10题:固定资产大修理支出是指同时符合下列两个条件的支出:①修理支出达到取得固定资产时的计税基础50%以上。②修理后因固定资产的使用寿命延长2年以上。

因此选择 AD。

三、判断题

1	2	3	4	5	6	7	8	9	10
√	×	×	×	√	√	√	√	×	√

四、计算及账务处理题

1.

(1)发现现金短缺:

借:待处理财产损溢——待处理流动资产损溢　　　　　　　　　　　800
　　贷:库存现金　　　　　　　　　　　　　　　　　　　　　　　　800

(2)落实后账务处理:

借:其他应收款——应收现金短缺款——王丽　　　　　　　　　　300
　　　　　　　——应收保险赔款——平安保险公司　　　　　　　400
　　营业外支出　　　　　　　　　　　　　　　　　　　　　　　　100
　　贷:待处理财产损溢——待处理流动资产损溢　　　　　　　　　800

2.

借:银行存款【可收回金额】　　　　　　　　　　　　　　　　　10 000
　　营业外支出【差额】　　　　　　　　　　　　　　　　　　　40 000
　　贷:应收账款【账面余额】　　　　　　　　　　　　　　　　50 000

3.

(1) 2×23年3月2日,购入B公司股票,应收现金股利=40 000×0.20=8 000(元)
购入股票的成本=400 000－8 000＋5 000=397 000(元)账务处理为:

借:短期投资——B公司股票	397 000
应收股利【已宣告但尚未发放的现金股利】	8 000
贷:银行存款	405 000

(2) 2×23年3月28日,收到发放的现金股利时的账务处理为:

借:银行存款	8 000
贷:应收股利	8 000

4.

(1) 2月12日,赊销商品时:

借:应收账款——华美公司	565 000
贷:主营业务收入	50 000
应交税费——应交增值税(销项税额)	6 500

(2) 2月16日,收到货款时:

借:银行存款	565 000
贷:应收账款——华美公司	565 000

5.

(1) 8月1日,A公司收到原材料:

借:原材料	100 000
应交税费——应交增值税(进项税额)	13 000
贷:应付账款——C公司	113 000

(2) A公司支付款项。

① 假设在2×23年8月9日支付货款。现金折扣=100 000×2‰=2 000(元)
实际付款金额=113 000－2 000=111 000(元)

借:应付账款——C公司	113 000
贷:银行存款	111 000
财务费用	2 000

② 假设在2×23年8月17日支付货款。现金折扣=100 000×1‰=1 000(元)
实际付款金额=113 000－1 000=112 000(元)

借:应付账款——C公司	113 000
贷:银行存款	112 000
财务费用	1 000

③ 假设在2×23年8月26日支付货款。
由于超过了20日,因此不享受现金折扣,全额支付。

借：应付账款——C公司 113 000
　　贷：银行存款 113 000

6.

借：长期债券投资——面值【面值】 100 000
　　应收利息【已到付息期尚未领取的利息】 8 000
　　贷：银行存款【实付金额】 108 000

7.

借：长期股权投资【评估价值＋相关税费】 718 000
　　累计摊销【账面余额】 150 000
　　贷：无形资产【账面余额】 850 000
　　　　应交税费【相关税费】 8 000
　　　　营业外收入【差】 10 000

8.

(1) 如果B公司为增值税一般纳税人，则增值税可以抵扣。

借：固定资产——电子设备——戴尔电脑 9 000
　　应交税费——应交增值税（进项税额） 1 170
　　贷：银行存款 10 170

(2) 如果B公司为小规模纳税人，则增值税进项税额不可以抵扣，需计入固定资产的初始入账成本。

借：固定资产——电子设备——戴尔电脑 10 170
　　贷：银行存款 10 170

9.

借：固定资产 200 000
　　应交税费——应交增值税（进项税额） 26 000
　　贷：实收资本——东风公司【份额】 180 000
　　　　资本公积——资本溢价【差额】 46 000

10.

借：制造费用——甲车间——折旧费 8 600
　　　　　　　——乙车间——折旧费 12 000
　　管理费用——折旧费 11 000
　　销售费用——折旧费 3 000
　　其他业务成本 600
　　在建工程 1 000
　　贷：累计折旧 36 200

11.

(1) 将设备转入清理，注销设备的账面价值：

借:固定资产清理	120 000	
累计折旧	80 000	
贷:固定资产		200 000

(2) 清理过程:

① 发生清理费用:

借:固定资产清理	1 500	
贷:银行存款		1 500

② 收到出售价款:

应交增值税＝110 000×13％＝14 300(元)

借:银行存款	124 300	
贷:固定资产清理		110 000
应交税费——应交增值税(销项税额)		14 300

(3) 结转净损益:

借:营业外支出——处置非流动资产损失	11 500	
贷:固定资产清理		11 500

第三章　负　　债

一、单项选择题

1	2	3	4	5	6	7	8	9	10
D	A	B	C	A	A	B	D	C	B

【解释】

第1题:如果开出的是银行承兑汇票,还应支付银行承兑汇票的手续费,借记"财务费用"科目,贷记"银行存款"科目。

因此选择 D。

第2题:短期借款应当按照借款本金和借款合同利率在应付利息日计提利息费用,计入财务费用。

因此选择 A。

第3题:商业承兑汇票到期,小企业无力支付票款的,按"应付票据"账面价值转入"应付账款"科目,待协商后再行处理。

因此选择 B。

第5题:小企业向购货方预收的款项,借记"银行存款"等科目,贷记"预收账款"科目。

因此选择 A。

第6题:向购货方退回多收的款项时,应借记"预收账款"科目,贷记"银行存款"科目。

因此选择 A。

第9题:在实际工作中,若小企业本月销售额未超过起征点的,免征增值税。同时,应借记"应交税费——应交增值税"科目,贷记"营业外收入——政府补助"科目。

因此选择 C。

第 10 题:小企业为购置或建造固定资产、无形资产和经过 1 年以上才能达到可销售状态的存货发生借款费用的,在有关资产购置或建造期间发生的合理的借款费用,应当作为资本性支出计入有关资产的成本。

因此选择 B。

二、多项选择题

1	2	3	4	5
BCDE	ABCDE	ABCD	BCDE	ABC

【解释】

第 2 题:应交税费是指小企业按照税法等规定计算的应交纳的各种税费,包括增值税、消费税、企业所得税、城市维护建设税和教育费附加、资源税、土地增值税、城镇土地使用税、房产税、车船税、资源税、排污费等。

因此选择 ABCDE。

第 4 题:增值税属于价外税,不通过"税金及附加"账户核算。

因此选择 BCDE。

第 5 题:停止资本化时点:竣工决算前、达到预定用途、达到预定可销售状态前。

因此选择 ABC。

三、判断题

1	2	3	4	5
√	√	√	×	√

第 4 题:小企业缴纳的印花税、耕地占用税等不需要提前预计应交税费,不需要通过"应交税费"账户核算。

四、计算及账务处理题

1.

(1) 7 月 1 日,甲公司取得借款 100 000 元。

借:银行存款　　　　　　　　　　　　　　　　　　　　　　　　　　　100 000
　　贷:短期借款　　　　　　　　　　　　　　　　　　　　　　　　　　　　100 000

(2) 7、8、9、10、11、12 月,每月末计提借款利息费用。

每月利息费用＝100 000×6％÷12＝500(元)

借:财务费用　　　　　　　　　　　　　　　　　　　　　　　　　　　　500
　　贷:应付利息　　　　　　　　　　　　　　　　　　　　　　　　　　　　500

(3) 9 月末(第三季度末),支付本季利息。

每季借款利息＝500×3＝1 500(元)

借:应付利息　　　　　　　　　　　　　　　　　　　　　　　　　　　1 500
　　贷:银行存款　　　　　　　　　　　　　　　　　　　　　　　　　　　1 500

(4) 12月31日,甲公司偿还到期短期借款本金及第四季度利息。

借:短期借款　　　　　　　　　　　　　　　　　　　　　　　　　100 000
　　应付利息　　　　　　　　　　　　　　　　　　　　　　　　　　1 500
　　　贷:银行存款　　　　　　　　　　　　　　　　　　　　　　　　　101 500

2.

(1) 甲公司销售商品。

借:应收账款　　　　　　　　　　　　　　　　　　　　　　　　　339 000
　　　贷:主营业务收入　　　　　　　　　　　　　　　　　　　　　　300 000
　　　　　应交税费——应交增值税(销项税额)　　　　　　　　　　　 39 000

(2) 甲公司实际发放非货币性福利。

借:应付职工薪酬——非货币性福利　　　　　　　　　　　　　　　 33 900
　　　贷:主营业务收入　　　　　　　　　　　　　　　　　　　　　　 30 000
　　　　　应交税费——应交增值税(销项税额)　　　　　　　　　　　 3 900

同时结转产品成本:

借:主营业务成本　　　　　　　　　　　　　　　　　　　　　　　 20 000
　　　贷:库存商品　　　　　　　　　　　　　　　　　　　　　　　　 20 000

(3) 甲公司购进货物。

借:库存商品　　　　　　　　　　　　　　　　　　　　　　　　　320 000
　　应交税费——应交增值税(进项税额)　　　　　　　　　　　　　 41 600
　　　贷:应付账款　　　　　　　　　　　　　　　　　　　　　　　　361 600

3.

(1) 2×23年1月1日,取得借款时:

借:银行存款　　　　　　　　　　　　　　　　　　　　　　　　1 000 000
　　　贷:长期借款　　　　　　　　　　　　　　　　　　　　　　　1 000 000

(2) 购入固定资产时:

借:固定资产　　　　　　　　　　　　　　　　　　　　　　　　　888 200
　　应交税费——应交增值税(进项税额)　　　　　　　　　　　　　111 800
　　　贷:银行存款　　　　　　　　　　　　　　　　　　　　　　　1 000 000

(3) 2×23年12月31日计提利息时:

借:财务费用　　　　　　　　　　　　　　　　　　　　　　　　　 76 000
　　　贷:应付利息　　　　　　　　　　　　　　　　　　　　　　　　 76 000

偿还利息时:

借:应付利息　　　　　　　　　　　　　　　　　　　　　　　　　 76 000
　　　贷:银行存款　　　　　　　　　　　　　　　　　　　　　　　　 76 000

(4) 2×24年12月31日还本付息时：

借：财务费用　　　　　　　　　　　　　　　　　　　　　　　　　76 000
　　长期借款　　　　　　　　　　　　　　　　　　　　　　　　1 000 000
　　贷：银行存款　　　　　　　　　　　　　　　　　　　　　　　　　　1 076 000

第四章　所有者权益

一、单项选择题

1	2	3	4	5	6
A	D	A	C	A	A

【解释】

第3题：小企业资本公积的内容主要包括资本溢价（或股本溢价）等，不包括直接计入所有者权益的利得与损失。

因此选择A。

二、多项选择题

1	2	3	4	5
ABCD	AD	AC	ABCD	AC

【解释】

第2题：资本公积，是指小企业收到的投资者出资额超过其在注册资本或股本中所占份额的部分。小企业资本公积的内容主要包括资本溢价（或股本溢价）等，不包括其他资本公积。小企业的资本公积主要用于转增资本，但资本公积不得用于弥补亏损。

因此选择AD。

第3题：用盈余公积转增资本、提取任意盈余公积，只是所有者权益内部各项目的增减变动，不会引起所有者权益总额变动；股东大会宣告分配利润会使所有者权益总额减少；接受投资者投入资本会使所有者权益总额增加。

因此选择AC。

三、判断题

1	2	3	4	5
×	×	×	√	√

四、计算及账务处理题

1.

(1) 借：银行存款　　　　　　　　　　　　　　　　　　　　　　　　120 000
　　　贷：实收资本——C　　　　　　　　　　　　　　　　　　　　　　　100 000
　　　　　资本公积——资本溢价　　　　　　　　　　　　　　　　　　　　20 000

借：无形资产	130 000
贷：实收资本——D	100 000
资本公积——资本溢价	30 000

(2) 资本公积期末余额＝4 000＋20 000＋30 000＝54 000（元）

2.

(1) 借：利润分配——提取法定盈余公积	10 000
——提取任意盈余公积	10 000
贷：盈余公积——法定盈余公积	10 000
——任意盈余公积	10 000
(2) 借：盈余公积——法定盈余公积	50 000
贷：实收资本	50 000
(3) 借：利润分配——应付利润	60 000
贷：应付利润	60 000
(4) 借：利润分配——未分配利润	80 000
贷：利润分配——提取法定盈余公积	10 000
——提取任意盈余公积	10 000
——应付利润	60 000

第五章　收　入

一、单项选择题

1	2	3	4	5	6	7	8	9	10
C	A	C	A	C	A	C	D	B	A

【解释】

第3题：根据收入确认标准，A 委托代销方式确认收入的时点是收到代销清单时；B 分期收款销售应于合同规定的收款日确认销售收入；D 托收承付结算方式下，应于发出商品并办妥托收手续时确认销售收入；只有在 C 交款提货方式下，于发出商品时即确认收入。

因此选择 C。

第8题：出租包装物取得的收入属于小企业会计的营业外收入。

因此选 D。

第9题：收入只包括小企经济利益的流入，不包括为第三方或客户代收的款项，如小企业代收代缴的个人所得税、旅行社代客户购买的门票、飞机票而收取的款项。

因此选 B。

二、多项选择题

1	2	3	4	5
AB	ABC	AC	ABD	CD

【解释】

第3题：小企业应当按照从购买方已收或应收的合同或协议价款,确定销售商品收入金额,但不包括小企业为第三方或客户代收的一些款项。销售商品涉及现金折扣的,应当按照扣除现金折扣前的金额确定销售商品收入金额。销售商品涉及商业折扣的,应当按照扣除商业折扣后的金额确定销售商品收入金额。

因此选择 AC。

三、判断题

1	2	3	4	5
√	√	×	×	×

四、业务题

1.

(1) 12月1日销售商品：

借：应收账款		113 000
贷：主营业务收入	100 000	
应交税费——应交增值税(销项税额)	13 000	

(2) 结算货款。

① 12月8日付清货款：

借：银行存款		111 000
财务费用		2 000
贷：应收账款		113 000

② 12月18日付清货款：

借：银行存款		112 000
财务费用		1 000
贷：应收账款		113 000

③ 12月28日付清货款：

借：银行存款		113 000
贷：应收账款		113 000

2.

(1) 销售实现时：

借：应收账款		11 300
贷：主营业务收入		10 000
应交税费——应交增值税(销项税额)		1 300

(2) 发生销售折让时：

借：主营业务收入		1 000
应交税费——应交增值税(销项税额)		130
贷：应收账款		1 130

第六章 费 用

一、单项选择题

1	2	3	4	5	6	7	8	9	10
C	D	D	B	B	D	D	C	B	D
11	12	13	14	15					
A	A	B	A	C					

【解析】

第1题：选项A，小企业用银行存款偿还应付账款，引起一项资产和一项负债等额削减，对所有者权益没有影响，其支出不构成小企业的费用；选项B，小企业向所有者分配利润，属于对投资者投资回报的安排，是所有者权益的直接抵减项目，不应确认为费用；选项D，小企业处置固定资产发生的缺失，属于非日常活动所形成的经济利益的流出，不能确认为费用，而应确认为企业的损失，计入营业外支出。

第2题：小企业业主到超市为自己购买日常用品实际花费的金额，应当由业主自己负担，不属于小企业发生的费用。

第3题：营业外支出不是日常活动中发生的，所以不属于费用。

第4题：期间费用不计入产品成本，直接计入当期损益。

第5题：对于工业小企业，一般可设置"直接材料""直接人工"和"制造费用"等成本项目。

第6题：厂部办公楼折旧费应计入管理费用。

第7题：该小企业当期计提的车间固定资产折旧、发生的车间管理人员工资属于制造费用，支付的广告费、预提的短期借款利息和支付的劳动保险费属于期间费用；该小企业当期的期间费用总额＝30＋10＋20＝60(万元)。

第8题："税金及附加"科目核算小企业开展日常生产经营活动应负担的消费税、城市维护建设税、资源税、土地增值税、城镇土地使用税、房产税、车船税、印花税、教育费附加、环境保护税等。与最终确认营业外收入或营业外支出相关的税费，在"固定资产清理""无形资产"等科目核算，不在该科目核算。

第9题：《小企业会计准则》第六十五条规定，销售费用，是指小企业在销售商品或供应劳务过程中发生的各种费用。具体包括：销售人员的职工薪酬、商品维修费、运输费、装卸费、包装费、保险费、广告费、业务宣传费、展览费等费用。

第10题：小企业销售部门的业务款待费属于管理费用。

第11题："财务费用"科目核算小企业为筹集生产经营所需资金发生的筹资费用；包括：利息费用(减利息收入)、汇兑缺失、银行相关手续费、小企业给予的现金折扣(减享受的现金折扣)等费用；小企业为购建固定资产、无形资产和经过1年期以上的制造才能达到预定可销售状态的存货发生的借款费用，在"在建工程""研发支出""制造费用"等科目核算，不在"财务费用"科目核算。

第12题:进行会计核算时,小企业发生的业务款待费应在管理费用中据实列支。

第13题:小企业发生的利息费用、汇兑损失、银行相关手续费、给予的现金折扣等,借记"财务费用"科目,贷记"应付利息""银行存款"等科目。

第14题:甲企业应该确认的其他业务成本即为该批材料的成本120 000元。

第15题:该小企业当年实际发生的业务款待费5万元,应全部记入"管理费用"科目,但可税前扣除的业务款待费金额=(400+30)×5‰=2.15(万元)。

二、多项选择题

1	2	3	4	5	6	7	8	9	10
BD	BCD	ABC	ABC	ABC	ABCD	ABCD	ABCD	BC	BCD

【解析】

第1题:费用是小企业在日常生产经营活动中发生的,因违约支付罚款、对外捐赠属于非日常活动所形成的经济利益的流出,企业不能确认为费用,而应确认为损失,计入营业外支出。

第2题:《小企业会计准则》依据费用的功能对小企业的费用进行了分类,详细分为:营业成本、税金及附加、销售费用、管理费用、财务费用等;期间费用包括销售费用、管理费用和财务费用。

第3题:小企业预备将来购买材料,支付相关费用,现在仍没有发生。

第4题:期间费用不计入产品成本,直接计入当期损益。

第5题:技术转让费、行政管理部门设备折旧费和行政管理人员工资均属于管理费用,不应计入产品成本;生产车间管理人员的工资属于制造费用,经安排后计入产品成本。

第6题:"税金及附加"科目核算小企业开展日常生产经营活动应负担的消费税、城市维护建设税、资源税、土地增值税、城镇土地使用税、房产税、车船税、印花税、教育费附加、环境保护税等。与最终确认营业外收入或营业外支出相关的税费,在"固定资产清理""无形资产"等科目核算,不在该科目核算。

第7题:依据《小企业会计准则》的规定,管理费用,是指小企业为组织和管理生产经营发生的其他费用,包括:小企业在筹建期间内发生的开办费、行政管理部门发生的费用(包括:固定资产折旧费、修理费、办公费、水电费、差旅费、管理人员的职工薪酬等)、业务招待费、研究费用、技术转让费、相关长期待摊费用摊销、财产保险费、聘请中介机构费、咨询费(含顾问费)、诉讼费等费用。

第8题:"财务费用"科目核算小企业为筹集生产经营所需资金发生的筹资费用,包括:利息费用(减利息收入)、汇兑缺失、银行相关手续费、小企业给予的现金折扣(减享受的现金折扣)等费用。

第9题:《中华人民共和国企业所得税法》第八条规定,企业实际发生的与取得收入有关的、合理的支出,包括成本、费用、税金、缺失和其他支出,准予在计算应纳税所得额时扣除;《中华人民共和国企业所得税法实施条例》第四十四条规定,企业每一纳税年度发生的符合条件的广告费和业务宣传费,除国务院财政、税务主管部门另有规定外,不超过当年销售(营业)收入15%的部分,准予扣除;超过部分,准予在以后纳税年度结转扣除;《财政部、国家税务总局关于企业手续费及佣金支出税前扣除政策的通知》规定,企业发生与生产经营有关的手续费及佣金支出,不超过规定运算限额以内的部分,准予扣除;超过部分,不得扣除。

第10题:纳税调整增加额主要包括税法规定应扣除项目中企业已计入当期费用但超过税法规定扣除标准的金额(如超过税法规定标准的工资支出、业务招待费,以及企业已计入当期费用但税法规定不应扣除项目的金额收滞纳金、罚款、罚金);A选项会计上计入投资收益,但是税法上并不需要缴纳所得税,应当调减应纳税所得额。

三、判断题

1	2	3	4	5	6	7	8	9	10
×	×	√	√	×	×	√	×	√	×

四、账务处理题

1. A小企业的账务处理如下:

(1) 5日购进甲材料的会计分录:

借:原材料——甲材料　　　　　　　　　　　　　　　　　　　　100 000
　　应交税费——应交增值税(进项税额)　　　　　　　　　　　　13 000
　　贷:银行存款　　　　　　　　　　　　　　　　　　　　　　　113 000

(2) 8日支付广告费会计分录:

借:销售费用——广告费　　　　　　　　　　　　　　　　　　　50 000
　　应交税费——应交增值税(进项税额)　　　　　　　　　　　　3 000
　　贷:银行存款　　　　　　　　　　　　　　　　　　　　　　　53 000

(3) 10日销售乙产品的会计分录:

借:银行存款　　　　　　　　　　　　　　　　　　　　　　　　339 000
　　贷:主营业务收入　　　　　　　　　　　　　　　　　　　　　300 000
　　　　应交税费——应交增值税(销项税额)　　　　　　　　　　39 000

(4) 15日销售甲材料的会计分录:

借:应收账款——丁企业　　　　　　　　　　　　　　　　　　　452 000
　　贷:其他业务收入　　　　　　　　　　　　　　　　　　　　　40 000
　　　　应交税费——应交增值税(销项税额)　　　　　　　　　　5 200

(5) 计算并结转当月未交增值税:

当月应交纳的增值税=销项税额-进项税额
=(39 000+5 200)-(13 000+3 000)=28 200(元)

借:应交税费——应交增值税(销项税额)　　　　　　　　　　　44 200
　　贷:应交税费——应交增值税(进项税额)　　　　　　　　　　16 000
　　　　　　　　　——应交增值税(转出未交增值税)　　　　　　28 200

借:应交税费——应交增值税(转出未交增值税)　　　　　　　　28 200
　　贷:应交税费——未交增值税　　　　　　　　　　　　　　　　28 200

(6) 计算当月应交的城建税、教育附加和地方教育附加：

当月应交纳的城建税＝28 200×7％＝1 974(元)

当月应交纳的教育附加＝28 200×3％＝846(元)

当月应交纳的地方教育附加＝28 200×2％＝564(元)

借：税金及附加　　　　　　　　　　　　　　　　　　　　　　　3 384
　　贷：应交税费——应交城市维护建设税　　　　　　　　　　　　1 974
　　　　　　　　——应交教育费附加　　　　　　　　　　　　　　846
　　　　　　　　——应交地方教育附加　　　　　　　　　　　　　564

2. 甲企业编制的会计分录如下：

(1)

借：销售费用——广告费　　　　　　　　　　　　　　　　　　5 000
　　　　　　——展览费　　　　　　　　　　　　　　　　　　4 000
　　贷：银行存款　　　　　　　　　　　　　　　　　　　　　9 000

(2)

借：销售费用　　　　　　　　　　　　　　　　　　　　　　　2 200
　　贷：银行存款　　　　　　　　　　　　　　　　　　　　　2 200

(3)

借：销售费用　　　　　　　　　　　　　　　　　　　　　　　5 220
　　贷：应付职工薪酬　　　　　　　　　　　　　　　　　　　4 560
　　　　累计折旧　　　　　　　　　　　　　　　　　　　　　460
　　　　银行存款　　　　　　　　　　　　　　　　　　　　　200

(4)

借：本年利润　　　　　　　　　　　　　　　　　　　　　　　16 420
　　贷：销售费用　　　　　　　　　　　　　　　　　　　　　16 420

第七章　利润及利润分配

一、单项选择题

1	2	3	4	5
A	D	D	D	A

【解释】

第1题：净利润＝[280(营业利润)＋40(营业外收入)－20(营业外支出)]×(1－25％)＝225万元。

因此选择A。

第2题：管理用固定资产计提折旧应计入管理费用；固定资产盘亏损失和罚款支出应计

入营业外支出。所以营业利润=150-80-5+10=75万元。

因此选择 D。

第3题:2×22年发生亏损200万元允许税前弥补;国债利息收入20万元是免税收入,应纳税调减;税收滞纳金罚款30万元不允许抵扣,应纳税调增。

所以应纳税所得额=500-20+30-200=310,所得税费用=应纳税额=310×25%=77.5万元。

因此选择 D。

二、多项选择题

1	2	3	4	5
ABD	ABC	ABD	ABCD	ABCD

三、判断题

1	2	3	4	5	6
√	√	√	×	√	√

四、计算及账务处理题

1.

① 借:银行存款　　　　　　　　　　　　　　　　　　　　　　226 000
　　　贷:主营业务收入　　　　　　　　　　　　　　　　　　　200 000
　　　　　应交税费——应交增值税(销项税额)　　　　　　　　 26 000

　借:主营业务成本　　　　　　　　　　　　　　　　　　　　160 000
　　　贷:库存商品　　　　　　　　　　　　　　　　　　　　　160 000

② 借:应收票据　　　　　　　　　　　　　　　　　　　　　　 11 300
　　　贷:其他业务收入　　　　　　　　　　　　　　　　　　　 10 000
　　　　　应交税费——应交增值税(销项税额)　　　　　　　　　1 300

　借:其他业务成本　　　　　　　　　　　　　　　　　　　　　6 000
　　　贷:原材料　　　　　　　　　　　　　　　　　　　　　　　6 000

③ 借:应付账款　　　　　　　　　　　　　　　　　　　　　　 50 000
　　　贷:营业外收入　　　　　　　　　　　　　　　　　　　　 50 000

④ 借:管理费用　　　　　　　　　　　　　　　　　　　　　　　8 000
　　　销售费用　　　　　　　　　　　　　　　　　　　　　　　4 000
　　　财务费用　　　　　　　　　　　　　　　　　　　　　　　5 000
　　　贷:银行存款　　　　　　　　　　　　　　　　　　　　　 17 000

⑤ 借:营业外支出　　　　　　　　　　　　　　　　　　　　　 10 000
　　　贷:待处理财产损溢　　　　　　　　　　　　　　　　　　 10 000

2.

(1) 应纳税所得额=90+10-2=98(万元)。

应交所得税＝98×25％＝24.5(万元)。

确认所得税费用时：

借：所得税费用　　　　　　　　　　　　　　　　　　　　　　245 000
　　贷：应交税费——应交所得税　　　　　　　　　　　　　　　　　　245 000

结转所得税费用时：

借：本年利润　　　　　　　　　　　　　　　　　　　　　　　245 000
　　贷：所得税费用　　　　　　　　　　　　　　　　　　　　　　　　245 000

（2）净利润＝98－24.5＝73.5(万元)。

借：利润分配——提取法定盈余公积　　　　　　　　　　　　　　73 500
　　　　　　——提取任意盈余公积　　　　　　　　　　　　　　70 000
　　贷：盈余公积——法定盈余公积　　　　　　　　　　　　　　　　　73 500
　　　　　　　　——任意盈余公积　　　　　　　　　　　　　　　　　70 000

（3）宣告向投资者分配利润时：

借：利润分配——应付利润　　　　　　　　　　　　　　　　　　300 000
　　贷：应付利润　　　　　　　　　　　　　　　　　　　　　　　　　300 000

实际分配利润时：

借：应付利润　　　　　　　　　　　　　　　　　　　　　　　　300 000
　　贷：银行存款　　　　　　　　　　　　　　　　　　　　　　　　　300 000

（4）借：利润分配——未分配利润　　　　　　　　　　　　　　　443 500
　　　　贷：利润分配——提取法定盈余公积　　　　　　　　　　　　　73 500
　　　　　　利润分配——提取任意盈余公积　　　　　　　　　　　　　70 000
　　　　　　利润分配——应付利润　　　　　　　　　　　　　　　　　300 000

第八章　外币业务的核算

一、单项选择题

1	2	3	4	5	6	7	8	9	10
D	B	C	D	B	C	B	A	A	B

【解释】

第7题：借入美元当日即期汇率：1美元＝6.24÷0.84港币＝7.43港币，期末美元兑港币的汇率为 1 美元＝6.234/0.83 港币＝7.51 港币；借入 40 000 美元可折算为 297 200 港币；期末汇兑损益根据公式：某个货币性外币账户发生的汇兑损益＝该外币账户的期末余额×期末汇率－(该外币账户期初的外币金额×期初汇率＋该账户本期增加的每笔外币金额×业务发生时的市场汇率－该账户本期减少的每笔外币金额×业务发生时的市场汇率)，即可得出长期借款汇兑损益＝100 000×7.51－(60 000×7.78＋40 000×7.43)＝

—13 000 港币,故减少利润 13 000×0.83＝10 790 元。

因此选 B。

第 9 题:以公允价值计量的外币非货币性项目,如交易性金融资产(股票、基金等),采用公允价值确定日的即期汇率折算,折算后的记账本位币金额与原记账本位币金额的差额,作为公允价值变动(含汇率变动)处理,计入当期损益。因此期末 B 股票公允价值变动 1 020×6.40－1 000×6.432＝96 元,而不是(1 020－1 000)×6.4＝128 元。

因此选择 A。

第 10 题:先按外汇指定银行的买入汇率、港币的卖出汇率来计算 8 000 美元可兑换港元 59 829.79 元(8 000×7.03÷0.94);然后按当日的即期汇率 1 美元＝7.07 元人民币和 1 港币＝0.93 元人民币,将美元和港币折合为人民币金额,即 56 560 元(8 000×7.07)和 55 641.70 元(59 829.79×0.93),因此产生汇兑损失 918.3 元。

因此选择 B。

二、多项选择题

1	2	3	4	5
BC	ABCD	BCDE	ABCDE	AD

三、判断题

1	2	3	4	5
×	×	×	×	×

四、计算及账务处理题

1.

(1) 3 月 20 日,美元兑换人民币。

借:银行存款——人民币户　　　　　　　　　　　　　　　　　　36 900
　　财务费用——汇兑损失　　　　　　　　　　　　　　　　　　　　60
　　贷:银行存款——美元户　　　　　　　　　　　　　　　　　　　36 960

(2) 11 月 8 日,港币兑换美元。

借:银行存款——美元户　　　　　　　　　　　　　　　　　　　17 310.97
　　贷:银行存款——港币　　　　　　　　　　　　　　　　　　　17 000.00
　　　　营业外收入——汇兑收益　　　　　　　　　　　　　　　　　310.97

2.

(1) 出口商品货款未收到。

借:应收账款——美元户　　　　　　　　　　　　　　　　　　　49 840
　　贷:主营业务收入　　　　　　　　　　　　　　　　　　　　　49 840

(2) 支付欠款。

借:应付账款——美元户　　　　　　　　　　　　　　　　　　　189 600
　　贷:银行存款——美元户　　　　　　　　　　　　　　　　　　189 600

（3）进口材料。

借：原材料　　　　　　　　　　　　　　　　　　　　　　　　　62 400
　　贷：应付账款——美元户　　　　　　　　　　　　　　　　　　　　62 400

（4）收到货款。

借：银行存款——美元户　　　　　　　　　　　　　　　　　　　49 904
　　贷：应收账款——美元户　　　　　　　　　　　　　　　　　　　　49 904

（5）归还短期借款。

借：短期借款——美元户　　　　　　　　　　　　　　　　　　　9 351
　　贷：银行存款——美元户　　　　　　　　　　　　　　　　　　　　9 351

（6）收回欠款。

借：银行存款——美元户　　　　　　　　　　　　　　　　　　　43 687
　　贷：应收账款——美元户　　　　　　　　　　　　　　　　　　　　43 687

（7）向银行借款。

借：银行存款——美元户　　　　　　　　　　　　　　　　　　　9 501
　　贷：短期借款——美元户　　　　　　　　　　　　　　　　　　　　9 501

（8）接受投资。

借：银行存款——美元户　　　　　　　　　　　　　　　　　　　125 240
　　贷：实收资本　　　　　　　　　　　　　　　　　　　　　　　　　125 240

（9）归还材料款。

借：应付账款——美元户　　　　　　　　　　　　　　　　　　　62 600
　　贷：银行存款——美元户　　　　　　　　　　　　　　　　　　　　62 600

银行存款——美元账户日记账

公司名称：×小企业
科目名称：银行存款——美元账户

日期		摘要	借方			贷方			余额		
月	日		美元	汇率	人民币（元）	美元	汇率	人民币（元）	美元	汇率	人民币（元）
11	1	月初余额							50 000	6.24	312 000
11	5	支付货款				30 000	6.320	189 600	20 000		122 400
11	10	收到货款	8 000	6.238	49 904				28 000		172 304
11	12	归还借款				1 500	6.234	9 351	26 500		162 953
11	13	收到货款	7 000	6.241	43 687				33 500		206 640
11	17	借款	1 500	6.334	9 501				35 000		216 141
11	20	收到资本	20 000	6.262	125 240				55 000		341 381
11	22	归还货款				10 000	6.260	62 600	45 000		278 781
11	30	月末调整			1 569				45 000	6.23	280 350

应收账款——美元账户明细账

公司名称：×小企业
科目名称：应收账款——美元账户

日期		摘要	借方			贷方			余额		
月	日		美元	汇率	人民币（元）	美元	汇率	人民币（元）	美元	汇率	人民币（元）
11	1	月初余额							9 500	6.24	59 280
11	2	出口货物	8 000	6.23	49 840				17 500		109 120
11	10	收到货款				8 000	6.238	49 904	9 500		59 216
11	13	收到货款				7 000	6.241	43 687	2 500		15 529
11	30	月末调整			221				2 500	6.23	15 750

应付账款——美元账户明细账

公司名称：×小企业
科目名称：应付账款——美元账户

日期		摘要	借方			贷方			余额		
月	日		美元	汇率	人民币（元）	美元	汇率	人民币（元）	美元	汇率	人民币（元）
11	1	月初余额							30 000	6.24	187 200
11	5	支付货款	30 000	6.32	189 600				0		−2 400
11	7	购入材料				10 000	6.24	62 400	10 000		60 000
11	22	归还货款	10 000	6.26	62 600				0		−2 600
11	30	月末调整						2 600	0	6.23	0

短期借款——美元账户明细账

公司名称：×小企业
科目名称：短期借款——美元账户

日期		摘要	借方			贷方			余额		
月	日		美元	汇率	人民币（元）	美元	汇率	人民币（元）	美元	汇率	人民币（元）
11	1	月初余额							1 500	6.24	9 360
11	12	归还借款	1 500	6.234	9 351				0		9
11	17	借款				1 500	6.334	9 501	1 500		9 510
11	30	月末调整			165				1 500	6.23	9 345

期末调整分录：

借：银行存款——美元账户　　　　　　　　　　　　　　　　　　　1 569
　　应收账款——美元账户　　　　　　　　　　　　　　　　　　　　221
　　财务费用——汇兑损失　　　　　　　　　　　　　　　　　　　2 600
　　短期借款——美元账户　　　　　　　　　　　　　　　　　　　　165
　贷：应付账款——美元账户　　　　　　　　　　　　　　　　　　2 600
　　　营业外收入——汇兑收益　　　　　　　　　　　　　　　　　1 955

第二部分 思考与练习参考答案

第九章 财务报表

一、单项选择题

1	2	3	4	5	6	7	8	9	10
B	A	D	D	B	D	D	C	C	B
11	12	13	14	15	16	17	18		
A	A	D	D	B	D	B	D		

【解释】

第6题：企业所得税分析时需要把握其计税依据，而资产负债表不反映企业所得税的计税依据。

因此选择D。

第12题：资产负债表中的货币资金项目包括现金、银行存款和其他货币资金三项内容，而其他货币资金包括银行本票存款、银行汇票存款、信用卡存款、信用保证金存款、存出投资款、外埠存款等。

因此选择A。

第13题："预付账款"项目，反映小企业按照合同规定预付的款项。包括：根据合同规定预付的购货款、租金、工程款等。本项目应根据预付账款科目的期末借方余额和"应付账款"科目的期末借方余额之和分析填列。因此，月末资产负债表中"预付账款"项目的金额为20 000元。

因此选择D。

第14题："存货"项目，反映小企业期末在库、在途和在加工中的各项存货的成本。包括：各种原材料、在产品、半成品、产成品、商品、周转材料（包括物、低值易耗品等）、消耗性生物资产等。本项目应根据"材料采购""在途物资""原材料""材料成本差异""生产成本""库存商品""商品进销差价""委托加工物资""周转材料""消耗性生物资产"等科目的期末余额分析填列。该企业期末资产负债表中"存货"项目＝150＋200＋50－50＝350(万元)。

因此选择D。

第18题：选项A和选项B属于现金内部发生的变动，不影响现金流量；选项C不影响现金流量；选项D会引起现金流量发生变动。

因此选择D。

二、多项选择题

1	2	3	4	5	6	7	8	9	10
BC	ABCD	AB	ABD	ABC	AB	BCD	ABC	ABCD	ABCD

【解释】

第2题：资产负债表各项目的"期末余额"，一般根据资产、负债和所有者权益类科目的期末余额填列，具体有：

(1) 根据总账科目余额直接填列。
(2) 根据总账科目余额计算填列。
(3) 根据明细科目余额计算填列。
(4) 根据总账科目和明细科目余额分析计算填列。
(5) 根据科目余额减去其备抵项目后的净额填列。
(6) 综合运用上述方法填列。
因此选择 ABCD。

第5题：销售费用、管理费用和投资收益都影响企业的营业利润；所得税费用不影响营业利润和利润总额，它影响企业净利润。
因此选择 ABC。

第8题：小企业投资活动产生的现金流量应当单独列示反映下列信息的项目：
(1) 取得借款收到的现金。
(2) 吸收投资者投资收到的现金。
(3) 偿还借款本金支付的现金。
(4) 偿还借款利息支付的现金。
(5) 分配利润支付的现金。
因此选择 ABCD。

三、判断题

1	2	3	4	5	6	7	8	9	10
×	×	√	×	×	√	√	×	√	√

四、计算及账务处理题

1.

资产负债表　　　　　　　　　　会小企01表

编制单位：×××　　　2×23年12月31日　　　　单位：元

资产	行次	期末余额	年初余额	负债和所有者权益	行次	期末余额	年初余额
流动资产：				流动负债：			
货币资金	1	375 300		短期借款	31	180 000	
短期投资	2	90 000		应付票据	32	140 000	
应收票据	3	22 000		应付账款	33	220 000	
应收账款	4	121 000		预收账款	34		
预付账款	5	22 000		应付职工薪酬	35	47 000	
应收股利	6			应交税费	36	77 700	
应收利息	7			应付利息	37		
其他应收款	8	45 000		应付利润	38	50 000	
存货	9	756 400		其他应付款	39	10 000	
其中：原材料	10	356 400		其他流动负债	40	15 000	
在产品	11			流动负债合计	41	739 700	

(续表)

资产	行次	期末余额	年初余额	负债和所有者权益	行次	期末余额	年初余额
库存商品	12	400 000		非流动负债:			
周转材料	13			长期借款	42	95 000	
其他流动资产	14			长期应付款	43		
流动资产合计	15	1 431 700		递延收益	44		
非流动资产:				其他非流动负债	45		
长期债券投资	16			非流动负债合计	46	95 000	
长期股权投资	17	230 000		负债合计	47	834 700	
固定资产原价	18	470 000					
减:累计折旧	19	96 000					
固定资产账面值	20	374 000					
在建工程	21	270 000					
工程物资	22	100 000					
固定资产清理	23						
生产性生物资产	24			所有者权益(或股东权益)			
无形资产	25	115 000		实收资本(或股本)	48	1 770 000	
开发支出	26			资本公积	49		
长期待摊费用	27	15 000		盈余公积	50	207 000	
其他非流动资产	28			未分配利润	51	120 000	
非流动资产合计	29	1 500 000		所有者权益合计	52	2 097 000	
资产合计	30	2 931 700		负债和所有者权益合计	53	2 931 700	

注:货币资金=6 000+259 300+110 000=375 300(元)。
存货=369 000+400 000-12 600=756 400(元)。
原材料=369 000-12 600=356 400(元)。
固定资产=470 000-96 000=374 000(元)。
应交税费=65 700+12 000=77 700(元)。

2.   利润表   会小企02表
编制单位:×××   2×23年度   单位:元

项目	行次	本年累计金额	上年金额
一、营业收入	1	195 621	
减:营业成本	2	127 000	
税金及附加	3	9 000	
其中:消费税	4		
城市维护建设税	5		
资源税	6		
土地增值税	7		
城镇土地使用税、房产税、车船税、印花税	8		

(续表)

项目	行次	本年累计金额	上年金额
教育费附加、环境保护税	9		
销售费用	10	15 100	
其中:商品维修费	11		
广告费和业务宣传费	12		
管理费用	13	12 500	
其中:开办费	14		
业务招待费	15		
研究费用	16		
财务费用	17	3 100	
其中:利息费用(收入以"-"号填列)	18		
加:投资收益(损失以"-"号填列)	19	6 000	
二、营业利润(亏损以"-"号填列)	20	34 921	
加:营业外收入	21	5 700	
其中:政府补助	22		
减:营业外支出	23	2 200	
其中:坏账损失	24		
无法收回的长期债券投资损失	25		
无法收回的长期股权投资损失	26		
自然灾害等不可抗力因素造成的损失	27		
税收滞纳金	28		
三、利润总额(亏损总额以"-"号填列)	29	38 421	
减:所得税费用	30	6 800	
四、净利润(净亏损以"-"号填列)	31	31 621	